だいわ文庫

さりげない「気のつかい方」がうまい人50のルール

鹿島しのぶ

大和書房

はじめに

よい人に囲まれ、より快適な人生を歩むヒント

あなたは、「気づかい」というものに、どんなイメージを持っていますか？

そりゃあできるに越したことはないけれど、「気が利くかどうか」はその人が持って生まれた資質ではないか、それに、仕事で一番大切なことではないでしょう……。

そんなふうに思っている方もいらっしゃると思います。

でも、「さりげなく気をつかえる」ことは、相手を心地よくさせるだけでなく、自分自身にとっても大きな得があります。

そう、**お互いにメリットを生み出すこと**なんですよ。

私は今でこそ気くばりや接遇についてお話ししていますが、子供の頃は、どちらかというとぼんやりとしていたほうだと思います。

とはいえ商売をしている家に生まれたので、祖父母や両親の姿から、生きた「気づかい」を目にしてきました。

私の祖父は、お米屋さんを営んでいました。毎日、卸売業者から何十俵もの玄米が配達されてきます。

一俵って、何キログラムかご存じですか？　なんと、60キログラム！

それを配達する人は大変です。こんな重い荷物を一日に何度も配達して、指定された場所に丁寧に積まなければいけないのですから。

普通なら、お米屋さんへの配達は負担が大きいので、敬遠されがちかもしれません。

しかし、なぜか私の実家のお店からの注文には、「私が行きます！」と手を挙げてくれる方がたくさんいて、いつも助けられていたというのです。

その秘密は、祖母でした。私の祖母は、配達してくれる方々に対し、そのたびに、

「いつもありがとうございます。ご苦労様です」

と言って、**缶コーヒーなどのちょっとした飲み物を、さりげなく渡していた**そうなのです。しかも、**誰がどの銘柄のものが好きかまで覚えていて、用意していた**のだとか。

この祖母の気づかいのおかげで、「あのお店の女将《おかみ》さんはとてもよくしてくれる。ありがたい。ぜひ自分が配達したい」と率先して手を挙げてくれる方や、お店を助けてくれる方がたくさんいた、というわけなのです。

幼い頃の私は、そんな話を聞いても「ふーん、そうなんだ」と、あまり気に留めていませんでしたが、大人になるにつれ、祖母のような「さりげない気づかい」がいかに大切かということを、身をもって感じるようになりました。

仕事も人間関係も人生も、あらゆることがうまくいく秘訣とは、**「人と人との間の〝空気〟を気持ちのよいものにすること」**。

これに尽きると思います。

実は、私自身が気をつかうことを意識して動くようになったのは、司会を始めてからのことなのです。というのも、司会はトーク力もさることながら、いかに気をつかえるかが、その会を成功させるポイントになるからです。

司会の師や、ホテル業界の諸先輩方の背中を追って、素敵な人の真似をすることから、だんだんと「気づかい」を身につけてきたのですが、あることに気づきました。

それは、**相手にとってうれしい気づかいとは、「さりげないこと」**だということです。

先ほどお話しした祖母の気づかいがまさにそうでしたが、相手に喜ばれる気づかいとは、大げさな気合いを入れることでも、入念な準備が必要なことでも、高いお金がかかることでもありません。

むしろ、ちょっとしたひと言やささいな行動こそが、相手にとっても負担がなく、喜んで受け取ってもらうことができるのです。

それを選りすぐったのが、本書でご紹介する50個の気のつかい方です。

たとえば……。

- 会話中、「相手の名前」を意識して呼ぶ
- 「お礼」をすぐに伝える
- ひと声かける「勇気」と「手間」を惜しまない
- 「相手の好きなもの」を覚えておく
- 素直に「教えてください」と言える

・相手との「ちょっとした共通項」を見つける
・「今度、食事でも」を社交辞令にしない
……

私自身、これらの「さりげないこと」を実際にやってみると、**周りの人がどんどん笑顔を返してくれ、自分の味方が増えていく**ことに気づきました。

「気をつかう」とは、特別な資質や才能ではありません。**後からいくらでも身につけられるスキル**です。

相手のことを思い、その気持ちを「ちょっとした言葉や態度」で伝える。それを繰り返して習慣にしていくだけ。これは、意識さえすれば誰にでもできることです。

そう、**ほんのちょっとコツをつかむだけで、誰でも「気をつかうのがうまい人」になれる**のです。

本書では、私がこれまで経験してきたことや、さりげない気のつかい方が上手な方の実例を、具体的なエピソードを交えながら紹介しました。きっと、読むうちに「**自分もやってみたいな**」**とワクワクしてくるものがあるはず**です。

どれも決して難しいものではなく、今すぐできる簡単なものばかり。ぜひ、無理なくできそうなもの、たった一つでも結構です。今日からトライしてみてください。

ほんのささいなひと言、小さな行動の積み重ねが、あなたの印象をグンとアップさせ、誰からも好感を持たれる、魅力的な人にしてくれるはずです。

鹿島しのぶ

もくじ

1章　気くばりは先手必勝
――先にアクションを起こす

3章 あっという間に心が通う「雑談」のコツ
――相手に「気持ちよくなってもらう」には

4章　相手の「表情」を読み、一歩先行く心くばりを
――うまくいく人は知っている、「会話と人間心理」の法則

5章　相手の「信頼」を勝ち取る
――こんな場面こそ、「心をつかむ」チャンスになる

1章

気くばりは先手必勝

――先にアクションを起こす

1

挨拶だけは「空気を読まなくていい」

「空気を読む」――気くばりを象徴するような言葉ですが、さりげない気くばりの第一歩として、まず強くお伝えしたいのが、**挨拶をするときだけは空気を読まなくていい**ということです。

挨拶とは、もともと禅問答に由来する言葉。挨拶の「挨」には、押す・攻め込む、「拶」には、迫る・切り込むという意味があるそうです。師が門下の僧に押し問答をして悟りの深さを試した「一挨一拶《いちあいいっさつ》」という禅の言葉から生まれたという「挨拶」。アニメの一休さんのイメージですね。

そんな背景からも、**相手との距離を縮める手段である挨拶は、最初に言葉を発したほうが主導権を握る**ともいわれています。

つまり、こちらが明るくさわやかに挨拶をすれば（禅問答にたとえて言うならば、切り込めば）、相手もさわやかな気分になり同じようなトーンで切り返してくる。

反対に、ぶっきらぼうな言葉を投げかけたり、暗く小さな声で挨拶をしたら、相手はそのペースに巻き込まれ、不快な気持ちのまま言葉を返したり、小さな声で挨拶をせざるを得なくなってしまうのです。

挨拶には人を元気にさせるパワーがあります。

家族や友人など親しい人にはもちろん、近所の方、顔見知り程度の人、普段怖いなあと感じている上司、初めてお会いした方にも、とにかく明るく挨拶をしてみてください。相手が暗い顔をしていても、怖い顔をしていても、迷わず元気に！　**こちらのペースに巻き込んでしまいましょう**。

お互いに笑顔で言葉を交わすことで、一瞬にして温かい空気が流れるはずです。

私が社会人デビューを果たした会社には、それはそれは明るい女性の先輩がいました。私が配属された部署は、男性社員のアシスタント業務をする仕事でしたので、決して華やかな職場ではありませんでした。

けれども、その先輩が毎朝目が覚めるような大きな声で、

「おはようございま～す！」

と出社してくると、その場は急に華やぎ、それまで下を向いて淡々と準備をしていた男性の上司や先輩が思わず、

「オウ、おっはよう！」

と、つられて声を出してしまうのです。

私は明るいほうですが、どちらかというと空気を読んでしまいがちなので、相手のペースやその場の雰囲気に流されてしまうことがあります。

その先輩に出会ったことで、

「**突き抜けた明るさは、どんな重たい空気も一瞬にして明るく軽やかな空気に変えてしまうことができる**のだ。私もそういう明るさを持った人になりたい」

と思ったものです。


この経験から私は、専門学校で講師をしていた頃、ホテルや結婚式場に企業実習に行くブライダル学科の学生にこんなふうに話していました。

「朝イチの『おはようございます』、仕事を終えて退社するときの『ありがとうございました』など、ご挨拶するときにはとにかくテンション高く！　『**大丈夫？**』**と思われるくらい元気に大きな声でね！**」と。

というのも、ブライダル学科の学生は、主に結婚披露宴の現場で実習をするのですが、宴会場において結婚披露宴本番の準備をするときの空気ほど重たいものはありません。

なぜなら、限られた時間で限られた人数のスタッフで完璧な準備をしなくてはならないからです。明るく楽しく準備をしている会場はまずありません。独特の緊張感に包まれています。

そんな中、実習生という立場でその慣れない現場に飛び込んでいくのですから、普通にしていたら、空気に呑まれてしまいます。

そこで、**恥ずかしくなるくらいテンション高く！**　です。

私がそう話すと、

「え〜っ、先生、それじゃあ、なんだかおかしな子だと思われませんか？」

と不安そうな学生。

大丈夫！　**緊張しているときにはどんなにテンションを高くしても限界があります。**

自分では恥ずかしいくらい大きな声を出したとしても、周りの人にはせいぜい「元気な人」という印象に過ぎません。安心して声を出してみてください。


また、**挨拶をするときには先手必勝**です。

たとえば遠くに知り合いが見えたとき、声をかけるには距離がありすぎる。でもきっと相手も自分に気づいているに違いない……。そのような場面に遭遇したこと、ありませんか？

そんなときには、**迷わず自分から、まずは軽く会釈《えしゃく》程度のご挨拶**をします。そして、**ある程度近づいたところで、言葉を交わしてご挨拶すること**です。

距離があるから相手は気づいていないだろう。

そんなことはありません。こちらの視界に入ったということは、相手にもこちらの姿が見えているはず。

ただお互いに気まずくて、タイミングを逸《いっ》してしまうことはよくありますよね。

そんなときには、勇気を出してこちらから。相手に対しての気づかいにもなりますし、いい印象にもつながります。

余談ですが、歩くときにも顔を上げて、周りの様子にも気をくばりながら歩くことをおすすめします。

街路樹に季節の変わり目を感じることもできますし、下を向いていたらすれ違ってしまう、懐かしい知り合いに再会することもあるかもしれませんから。

「挨拶だけ」で人生は変わる

2

「相手の名前」は意識して呼ぶ

名前はとても大事です。私は、名前をしっかりと呼ぶことは、**相手への敬意の表れであり、一人の人間として尊重していることの意思表示**のようにさえ思います。

ですから、専門学校時代、私は、自分が担当するクラスの新入生の名前は、一カ月で覚えるように努力して、事あるごとに一人ひとり名前で呼ぶようにしていました。

同じ事を伝えるにも「みなさん」と言うのと、「○○さん」と呼びかけるのとでは、伝わり方が明らかに違います。たとえ自分に関係あることでも、「みなさん」では、どこか他人事に聞こえてしまうのです。

集団の中では特に、名前を呼ばれることで、相手が認識していることが伝わりますし、一人の人間として大切に接してくれているとわかると、その想いに応えようという気になります。

私自身、名前を呼ばれてハッとしたことがありました。

その方とお会いするのは、まだ二回目。先日名刺をお渡ししたばかりなのに、「やあ鹿島さん、こんにちは」と挨拶されると、「もう覚えていただけたのだ」と思い、それだけで感激します。

こちらとしては、受け入れていただけるかしら？　と思っていたところなので、その一言に感謝し、関係が近づいたような気分になります。


「名前を呼ぶこと」をテクニックとして使っているのは、政治家です。

必ず会話の中に相手の名前を入れてきます。

討論中も「◯◯さん、◯◯さんのおっしゃる通り。私は◯◯さんと同じ意見です」、反対意見を述べるときも「いや〜◯◯さん、◯◯さんの意見もわからなくはないが、◯◯さん、私は反対だ」と。

ただただテクニックとして使うのはいかがなものかと思いますが、人は名前を呼ばれると、自然と相手に好意を感じるものです。

「あなたのことを尊重していますよ」というサインになるのです。

また年齢の高い方の場合、誰に向かって言っているのかわからない挨拶には応えない、という頑固な方もいるようです。

そんなときには「お疲れ様です」だけではなく、

「○○部長、お疲れ様です」

というふうに、名前をお付けしたらいいでしょう。

相手が頑《かたく》なな態度の場合には、こちらが頭を柔らかくして、柔軟に対応しましょう。

気に入ってもらうというよりも、相手に敬意を払い、相手を尊重するという思いを込めて、名前を呼んで挨拶してみませんか。グッと親しみを感じてもらえることでしょう。

「あなたを尊重しています」と自然に伝える

3

「お持ちしましょうか？」よりも「お持ちします」

私はもともと気が利くタイプではないので、司会の仕事を始めてから、身についてきたことがたくさんあります。

私が仕事場としているのは、ホテル・結婚式場です。そのおかげで、一流のホテルマンやブライダル業界の先輩から、たくさんのことを教えていただきました。

いわゆる気が利くサービスマンに共通していることは、「**言われる前に行動する**」。お客様の要望を先読みして、「**お客様に言わせない**」ということです。

ホテルでは、宿泊部門のベルマンがお客様のお荷物を客室まで運びます。ですからホテルに到着すると、こちらが何も言わなくても、ドアマンやベルマンがすぐに荷物を運んでくれます。

これはいわば彼らの仕事ですから、当然のことかもしれません。

すごい！　と思うのは、そのようなホテルマンは普段からそうした姿勢が身についているということです。**バックヤードで荷物をたくさん抱えている人がいれば、誰かがすぐに手を貸します。**

また、プライベートな席でも、女性が重そうな荷物を持っているのを見ると、さりげなく誰かが必ずサポートしてくれるのです。

このような気づかいは一朝一夕にできることではありません。ホテルマンの習性といってしまえばそれまでですが、心なくして起こせる行動ではないと思います。

私が司会者としてまだ駆け出しの頃、こんなこともありました。私のマネジメントをしてくださっていたあるプロダクションの役員の女性のお話です。

私が初めて仕事をするホテルに、私を紹介するために直々に連れていってくださったときのエピソードです。

彼女は歩きながら私に、その会場のこと、仕事のことを熱心に話してくださっていたのですが、バックヤードに近づくと突然、走り出したのです。

そして、**「お持ちしますわ」と声をかけるのと同時に、ホテルに出入りしている業者の方が抱えていた大きな段ボール箱を一緒に抱え始め、さらにはその業者の方より先に、ドアまで開けた**のです。

驚いたのは、私だけではありません。その業者の方も一瞬びっくりされながらも、「いや〜、ありがとうございます！　助かりました！」と、感激されていました。

私にとっては、衝撃的な出来事でした。

その女性はとても華奢《きゃしゃ》な方でしたし、会社の役員という立場。ましてや、私は話を聞くのに夢中で、その業者の方の姿などまったく視界に入っていませんでした。

その素早い行動力と、私に丁寧に説明をしながらも、常に四方八方に目をくばっている姿に、ブライダル業界で生き抜いている大先輩の究極のホスピタリティを学びました。

荷物を持っている人を見かけて、大変そうだなと思っても、「今、私が手伝うべきなのか」「手伝ってよいものか」と戸惑うことが多いと思います。

知り合いではなくても、自分が手を貸せる状態であれば、積極的に声をかけたほうがよいと思います。

そして、**手伝うときには「お持ちしましょうか？」ではなく「お持ちします」と言い切り、先に行動してしまう**。それがスマートなフォローです。

最近は、ベビーカーに子供を乗せた状態で、電車に乗り降りするママさんも多いですよね。そして、もう一人歩けるくらいの小さなお子さんを連れていたりして。

そんな様子を見かけると、私は、できる限りベビーカーを運ぶのをお手伝いするようにしています。小さなお子さんが乗っているわけですから、もちろん慎重に。

以前の日本では、知らない人同士でも、助け合う精神が根付いていたのではないでしょうか。最近は治安の問題もあるのでしょうが、そういう部分が希薄になっているように思います。お互いを思いやる温かい世の中であってほしいですし、一人ひとりのささいな行動が、人情味あふれる世の中をつくっていく一助になればと思います。

「自分から行動する」って、こういうこと

4

とっさに「サッと立ち上がる」絶大な効果！

人と接している中で、意外とできないのが「すぐに立つ」という行為。

ビジネスで訪問先の応接室などで先方を待っている場合、**相手が来室した瞬間、スマートに立つこと**ができていますか？

ヨッコラショまではいかなくても、ワンテンポ遅れたり、場合によっては、立つタイミングを逸したりしていませんか。

私は腰が重いほうなので、そのような状況で人と会う場合には、かなり意識してすぐ立てる準備をしています。応接室のイスはソファタイプが多いので、ついゆったりと座りがちですが、**すぐに立てるようになるべく浅めに座る**ようにしています。

幼い頃からよほど厳しいしつけや訓練を受けていないと、常にスマートな動きをするのは至難の業《わざ》です。お手本になるのは、日本の皇室やイギリス王室の方々の立ち居振る舞いでしょうか。洗練度が違いますよね。

そのレベルまでは程遠くとも、**立ち居振る舞いは、意識するだけで少しずつ変わってくる**ものです。

私は残念ながら、昔から猫背で決して姿勢がいいとはいえないのですが、司会者として仕事をするときには、普段より大きく見えるとか、雰囲気が変わるなどと言われることがあります。恐らく気持ちが切り替わるというか、司会者としてのスイッチが入るのだと思います。普段から心がけなければ！　と思ってはいるのですが、なかなか難しいものです。

古くは、女性に対して、「色の白いは七難隠す」とか、最近だと男性に対して、「背が高いのは七難隠す」なんて言い方をすることもあるようですが、姿勢がいいのは、男女に限らず、七難隠すように思います。

以前、私共のプロダクションに所属していた、**ただ立っているだけで指名を取ってきた伝説の司会者**がいます。

ある会場でその司会者が、お客様との打ち合わせまでの時間、フロアの隅《すみ》で待機していたところ、その姿をご覧になった別のご結婚予定のお客様が、彼女と話したわけでも、声を聞いたわけでもないのに、突然、

「ぜひ、あの方に司会をお願いしたいです！」

と、会場の担当者に依頼されたのだとか。

担当者もびっくりして、「あの司会者を以前からご存じなのですか？」とか、「彼女と話す機会がおありでしたか？」と、理由を尋ねたそうです。

するとそのお客様は、

「彼女の立ち姿が美しい。そして、控えながら誰に対してもにこやかに挨拶している姿が素晴らしい！」

「声も聞いていないけれど、彼女なら素敵な司会をしてくれるに違いない！」と。

そのお客様の目に狂いはありませんでした。**実際、彼女は当時、どの会場でも人気の売れっ子司会者だった**のです。

私は彼女から、**立ち居振る舞いの大切さ**を教えてもらいました。**人の心は行動に表れる**のだと思います。

心が整っていれば体も整い、体が整っていれば心も整うのでしょう。

「すぐに立つ」ということに話を戻しましょう。

前述のようにイスにかけて待っているときに、先方が現れたら、すぐに立ってご挨拶するなど、スマートな行動をすることで、印象は断然違ってきます。

モタモタしている姿を見せられると、それだけで「気が利かない人だ」と受け取る人もいるかもしれません。自分の印象をよくするためにも、すぐに行動することです。

自分に対して気をくばることが、相手への気くばりにもつながるのではないでしょうか。

気がついたら、即行動

5

お礼の言葉は〝生モノ〟と心得る

仕事でもプライベートでも、人とおつきあいするときに物事をすぐに実行することはとても大切です。また、**レスポンスが早いことは何よりも信頼につながります。**それこそが、相手への気くばりなのです。

たとえば、あなたが誰かにメールをしたり、LINEをしたり、手紙を書いたりしたら、相手が読んでくれただろうかと、気になりませんか？

そして次に気になるのが、自分が送ったメールやLINE、手紙の内容について相手がどう思うのか、どう感じているのかということ。このような心理が働くから、「既読スルー」という言葉が生まれたのではないでしょうか。

誰でも、**自分が送ったものや伝えたものに対しては、一刻も早く返事がほしいと願**

うものです。

相手の立場に立てば、**返事は早ければ早いほどいい**のです。返事が遅いことによって相手に要らぬ心配をさせたり、不安な思いをさせてしまうことを考えたら、レスポンスを早くすることも一種の気くばりなのです。

お礼の気持ちを伝えるときも同じです。

一緒に仕事をしたり、同じセミナーや会議に参加したり、食事をごちそうになったり、贈り物をいただいたり……。人とのつきあいでは、お礼を言う場面はたくさんありますね。すぐにお礼の気持ちを伝えられていますか。

人はどんなに親しい間柄でも、やはり言葉にして伝えないと、本当の気持ちは伝わりません。特に感謝の気持ちは口に出して伝えるものです。照れくさいとか、いつものことだからとか、面倒がらないことです。

感じがよいといわれる人、仕事ができる人は、このお礼をしっかりとしています。そして、**何よりお礼が早い**のです。

仕事で初めてお会いした方から、帰宅するやいなや、お礼のメールをいただくことがあります。そんなときは、**「なんてきちんとした方かしら？」**と思いますし、実際そういう人たちは、仕事の仕方がしっかりとしています。

食事をご一緒した方から、翌日の朝、お礼のメールが届いていると、またお誘いしたい気持ちになりますし、**ぜひまたお会いしたい**と思います。そういう人たちは何につけても礼儀正しく、決してこちらに不快な思いをさせない人なのです。

お礼の気持ちをすぐに伝える――習慣にしてしまえばそれほど難しいことではありませんが、堅苦しく考えると、ついついなおざりにしてしまいがちです。

特に目上の方に対しては、失礼がないようにという思いがよぎると、あれこれ考えてしまいがちです。LINEよりメール？　いやいや、やはり丁寧なのは手紙？　手紙なら、書き出しはどうすれば？　……なんてことを考えているうちに、あっという間に2～3日過ぎてしまいます。

手紙をサラッと書けてその日のうちに出せたらそれは素敵ですが、今はスピードが求められる時代。あれこれ悩んでいるのであれば、**メールで十分**だと思いますし、**LINEを交換しているような仲であればLINEでもまったく問題ない**と思います。

一番避けたいのは、何もアクションを起こさないこと、レスポンスをしないこと。

一緒にいい仕事をした後には達成感や一体感、食事をした後には楽しい時間を共有できたことの喜びのようなものが心を占め、その余韻はたいてい次の日まで続くものです。

そのときにタイムリーに相手から連絡をもらえると、相手も同じ想いでいてくれることに安心感を覚えますし、その人の印象は鮮烈に記憶に残ります。

また一緒に仕事をしたい。また一緒に食事をしたい。また会いたいという気持ちになり、徐々に距離が縮まり信頼関係を築いていけるように思います。

しかし、高揚《こうよう》している状態は、そう長くは続きません。

お礼が遅れれば遅れるほどその人の印象は残念ながら薄れていきます。そう、**お礼の気持ちを伝えるのにはスピードは大事**なのです。

またお礼の内容も少し考えてみましょう。

たとえば食事のお礼であれば、「おすすめの小海老のドリアは絶品でした！」とか、贈り物に対してのお礼であれば、「トマトはとても新鮮でオリーブオイルをかけておいしくいただいています」など。

具体的に表すことにより、より一層気持ちは伝わります。食事をごちそうした側、ものを贈った側にとって、ごちそうした甲斐《かい》、贈った甲斐があるというものです。

相手をこんな気持ちにさせてしまうのが、気くばりであり、ひいては何より自分のため、つまり良好な人間関係を築く基本になるのではないでしょうか。

相手に寄り添った「＋αの一言」で心がつながる

コミュニケーションツールを考えたときに、メールやLINEを上手に使いこなしながらも手紙はやはり魅力がありますし、受け継いでいきたい連絡手段です。

そして、個人的には、記憶に新しいステイホーム中に見直したのが電話。**人との接触がない中で大切な人の声を聞けるのはうれしいもの**でした。

6

お礼だけは「言い過ぎかな」くらいでちょうどいい

「お礼の気持ちをすぐに伝える」ことに触れましたが、**お礼の気持ちを伝えるのは何度でもいい**のです。

お礼に関しては、言い過ぎということはありません。

仕事でお世話になった、食事をごちそうになった、贈り物をいただいた、そのようなとき、メールや電話でお礼を伝えたとしても、次に直接その相手に会ったとき、あらためてお礼の言葉を伝えていますか?

確かに一度はメールや電話で伝えていたとしても、本来お礼の言葉や感謝の気持ちはお会いして直接伝えるべきものです。

次に会ったとき、すぐに「先日はありがとうございました」と言える人には、とても好感が持てますし、本当に感謝しているという想いが相手に伝わります。

感謝の気持ちは大切です。人はなぜか自分一人で生きているような気になって、お世話になったことや人にしてもらったことを忘れがちです。周りの方に支えられて生きていることを常に頭に入れていれば、「ありがとう」という言葉もすんなりと出てくるでしょう。

私は、記憶力がいいほうではないので、**人と会うときには、復習してから会う**ようにしています。前回会ったときのこと、その後起こったことを思い出し、粗相のないように（笑）。

そして、今回会うまでの間に、何かお世話になったことがあれば、お目にかかってすぐにお礼の言葉を伝えるようにしています。

人によっては「あら？　何だったかしら？」とおっしゃることもあります。時間が経過していると相手が忘れていることもあるのです。

でも、それでいいのです。**お世話になったことはすすんで蒸し返しましょう**（笑）。

相手に、こちらがどんなに感謝しているか、ありがたいと思っているかを伝えることで、**先方は「また何かあったら面倒を見てあげよう」**と。

私だったら、そんな気持ちになります。

感謝の気持ちを忘れない人、その気持ちを事あるごとに伝えられる人は、誰からもかわいがられ、面倒を見てもらえる人であり、信頼してもらえる人だと思います。

周囲に差をつける「二度目のお礼」

7

先に「好意」を伝えれば、向こうからも「好意」が返ってくる

私は、専門学校時代、毎年新入生に向かって最初のホームルームで、このようなことを伝えていました。

「私は、みなさんのことが大好きです。というのは、私はこの学校がとても好きなのです。みなさんもこの学校がいいと思って入学してくれたのだと思います。私たちの価値観はすでに一致しているのです。私が好きなこの学校を選んでくれたみなさん。だから、私は、みなさんのことが大好きです」

いきなり「大好き」なんて言葉を使うので、一瞬引く学生もいましたが、価値観が同じであることを伝えると、みんな妙に納得してくれて、自然に心を開いてくれたように思います。

好意を持っている人に対しては、その想いをストレートに伝えたほうがよいと思います。以心伝心というのは、日本だから通用すること。

「この人、本当はどう思っているのかしら？」とお互いに相手の心を探り合うより、好意を持っていることを自分から伝えることで、相手との距離はぐんと縮まります。

ポイントは、自分から伝えること。相手から何か話してくれるのを待っていてもダメ。ここでも「自分から」「こちらから先に」というところがポイントであり、それが相手への心くばりです。

では、具体的にどのように好意を伝えたらいいでしょうか。

相手が目上の人、上司であれば、

- **「尊敬しています」**
- **「○○さんのようになれるようにがんばります」**
- **「成果が上げられたのも○○さんのおかげです」**

同僚であれば、

・**「○○さんの勉強家なところ、すごいと思う。見習わなくっちゃ」**

・**「いつも助けてくれてありがとう」**

友人であれば、

・**「あなたのポジティブなところに救われるわ」**

・**「あなたの笑顔、最高！」**

後輩・部下であれば、

・**「仕事がスピーディーで助かるわ」**

・**「あなたのやる気を見ていると、こちらまで元気になるわ」**などなど。

相手のいいところ・好きなところをできるだけ具体的に伝えることによって、好意を持っていることを相手に理解してもらえるでしょう。その人のことをどんなに想っていても、好きでも、言葉で伝えなければ相手には正確に理解してもらえません。

相手へたった一言を発しなかったために、誤解を生み、すれ違ってしまうことはよくあることです。あの人は私のことをあまり好きではないのだと思うと、相手は心を閉ざしてしまいます。

その相手が上司であれば、大きな仕事を任されるチャンスを逸してしまいますし、部下であれば、あなたの求心力を低下させることになります。

また、もしも相手があなたに好意を抱いていない場合でも、あなたから好意を持っていることを伝えると、相手の態度が変わることがあります。

あなたへの見方が変わる可能性は高いのです。

好きな人、苦手な人を問わず、あなたから好意を持っていることを伝えてみてください。相手から何のリアクションもなければ、伝え続けてみてください。少しずつでも確実に距離が近づき、相手が心をオープンにしてくれることでしょう。

「目の前にいる人」を大事にする

8
ひと声かける「勇気」と「手間」を惜しまない

専門学校在職中、私は積極的に学生に声をかけるようにしていました。

私が教えていたのは、ブライダル業界で働くことを目指す、主に18歳から20歳の女子学生。まだ多感で大人になりきれていない彼女たちは、日々違う表情を見せます。その表情を常に見逃さないように努めていました。

多くの学生は、毎朝元気に挨拶をして登校してくるのですが、元気のない学生もいれば、不機嫌そうな顔をして登校してくる学生もいます。

そんなときには、煙《けむ》たがられることを覚悟で、

「どうしました？」

「体調が悪いのかしら？」

「何かあった？」

などと、こちらから声をかけてみます。

大抵は「何でもありません」「眠いだけです」など心配に及ぶことではないのですが、時には「昨日から熱があって……」とか、「おばあちゃんが危篤《きとく》状態で……」などと話してくれることもありました。

こちらから話しかけることで学生の状態を把握《はあく》することができ、さらに適切な言葉をかけることができたのです。

「何でもありません」だって、本当は何かあるかもしれないのです。

こちらが気にかけているとわかれば、その後何か相談に来るかもしれません。無関心だと思うと、話す気にもなれないものです。

また、ブライダルの現場で、若いスタッフがいっぱいいっぱいになっているとき、私は積極的に「大丈夫？」と声をかけるようにしています。

沈んでいたり悩んでいたりする様子のときには、穏やかに優しく語りかけます。

ちょっと怖いくらい殺気だっているときには、こちらも多少大げさに、「だ～いじょう〜ぶ〜」なんてお茶目に話しかけてみます。

すると、その一言で、自分がいかに取り乱していたのかに気づくのでしょう。思わず笑顔になり、顔を見合わせてお互いに笑ってしまうなんてこともしばしばです。

相手を思いやる言葉を投げかけるとき、多くを語る必要はないのです。**たった一言でも気持ちは伝わるはず**。でも、そのたった一言を発しなければ、こちらの気持ちはまったく伝わりません。

また**タイミングも大切**です。**気づいたときには、ためらわず遠慮せずに声をかけること**です。

「あのとき、ひと声かければよかったかな?」と後悔したり、逆に思い切って声をかけたことでコミュニケーションがとれてよかった! という経験はありませんか。

いつもと違う様子に気づいたり、大変そうだと察したりしたら、その人に寄り添った言葉をかけること。

相手が、あなたのその一言に救われることもあるのではないでしょうか。

髪型や服装、身につけているものなどの変化に気づいたときにも、タイミングよく声をかけると、相手に気持ちが伝わります。
「素敵ですね」「お似合いになりますね」などシンプルな表現でいいのです。
「あなたのことを気にかけていますよ」というサインを送るだけで、心は通うものです。

また、知り合ったばかりの人と親交を深めたいときは、食事を共にしたいと思うものです。直接でも、オンラインでも、飲食を一緒にしながら会話を楽しむのは、とても素敵なことですから。

そんなときも、遠慮せずにこちらからお誘いしてみることです。

断られたらどうしよう？　迷惑ではないかしら？

考え過ぎてタイミングを逸してしまったら、なかなか距離は縮まりません。心配し過ぎなくて大丈夫、先方は嫌だと思ったら断ってくるでしょう。

私の経験上、**こちらが食事をしたいと思った方は、同じ想いでいてくれることがほとんどです。**

そして、たまたまスケジュールが合わず、近い日程ではかなわなかったとしても、こちらが一度声をかけていれば、相手はそれを覚えていて、今度は先方から誘うきっかけになるものです。

食事に誘う場合、気をつけなければいけないのは、必ず実行すること。

挨拶代わりのように、「今度飲みに行こうよ」なんて言っておきながら、一度も実現しないケース、よくありますよね。

有言実行！　それが信頼につながります。

ビジネスの世界では、ホウレンソウが大切なのは周知されていますが、意外とできていない人が多いように思います。

たとえば上司からプレゼンテーションに際してのアドバイスを受けたとき。

準備段階では「これで乗り切れそうです。ありがとうございます」と感謝の言葉を伝えていても、本番のプレゼンテーションが終わったときに、

「**おかげ様で無事に終わりました**」

というお礼の言葉を言えていますか？

かくいう私も若い頃は、そんなところまで頭が回りませんでした。

でも人に教える立場になってみると、

「そういえば、以前アドバイスした件、あれからどうなったのだろう。うまくできたかしら？　大丈夫だったかしら？」

と、**相手のその後がとても気になるもの**です。

こんなとき、ただ「お礼の言葉がない」とお小言を言うのも、スマートではありません。

私は気になったら「あの件、どうなった？　うまくいった？」と、こちらから聞くようにしています。

そうすれば「あっ、ご報告もせずに失礼しました」なんて言葉が返ってきます。

そう、悪気はないのです。気づかないだけですから。

気がついたら、目についたら、思いついたら、自分から声をかけてみる。

距離があると感じていた関係から、一歩近づくことができるはずです。

≫気くばりは「声に出す」ことから始まる

9

約束した期限より「ちょっと早め」に送る

あなたは、時間と期限を守れる人ですか？

私自身に問うてみた場合、精一杯努力していますが、100％とは言い切れません。

ただ、披露宴の仕事の場合には、どんな事情であれ司会者が遅れるわけにはいきませんから、当然ですが本番や打ち合わせの場合、悪天候でも交通遅延に巻き込まれても慌てないように、かなりの余裕を持って出かけています。披露宴の司会者にとって時間に遅れるのは命取りになりますから。

結婚式・披露宴の仕事においては、新郎新婦、両家両親に信頼していただかなければ事が進みません。

その信用を得るには、時間を守ることと期限を守ることは大前提です。

最近は新郎新婦のプロフィール紹介を司会者が行うのですが、打ち合わせの際にお二人に経歴やなれそめなどをお聞きし原稿を作成します。

そして間違いがあるといけないので、その原稿を前もってご本人に確認していただくという作業をしています。

その際に、「○○日までには原稿をお送りします」というように期限を提示するのですが、いうまでもなくその期限だけは何をおいても守るようにしています。そして、**なるべく期限より早めに送る**ようにしています。

これは実際にあった話ですが……。

ある会場でウェディングプランナーがお客様に、

「一週間以内に見積書をお送りします」

と伝え、見積書を郵送する約束をしました。それなのに、一週間以上経っても、見積書は一向に送られてこない……。

お客様は「見積書一つ送るのに期限が守れないような会場に、大事な結婚式は任せられない！」とお怒りに。

もともと第一候補として考えておられた会場にもかかわらず、キャンセルという決断をなさったことがありました。

結婚式を挙げるお客様は、いくつかのホテル・結婚式場を回って会場をご覧になります。ウェディングプランナーは来館されたお客様のご要望を伺い、最初の段階で参考までに見積書を作成します。

最近はコンピューター管理になり、見積書はその場で作成しお持ち帰りいただくことが多いのですが、この事例では、少し前の話であることと、お客様が来館当日お急ぎの場合は後日お送りすることもあるので、見積書を郵送するということに至ったのだと思います。

「期限を守らなかった」という事実。どんな理由があったとしても、お客様にとって、これは受け入れがたいことです。キャンセルになったのも、致し方ないでしょう。

ブライダル業界だけではなく、ビジネスにおいては、時間を守る・期限を守ることは気くばり以前のことで、**信頼を得るための最も大事な要素**といえるのではないでしょうか。

「プライベートはダメだけど、仕事のときは大丈夫！　安心して」と言う人もたまにいますが、あまり信用はできませんよね。

時間を守る・期限を守るということは、**もともと持っている特別な才能ではありません。**

ただ「心がける」だけで、誰でも手に入れられる「スキル」です。

日頃から、「時間を守る・期限を守る」が徹底している人は、誰からも信頼されること間違いありません。

「誰からも信頼される人」が心がけていること

10

上司に「あの件、どうなった？」を言わせない

私は、大学卒業後三年間、いわゆるＯＬとして働きました。よき上司、先輩、同僚に恵まれていましたので、能天気な言い方をすれば、とても楽しいＯＬ生活でした。

いわゆる事務職でしたので、それほど責任ある仕事を任されていたわけではありませんが、業務内容によっては、迷ったり、ミスをしてあわてたりということもありました。

でも、すぐに相談できる先輩、同僚がいて、私が失敗をしても堂々と責任をとってくれる頼れる上司がいたので、安心して仕事ができました。今、考えると本当に恵まれていたと思い、今さらながら当時の上司や同僚に感謝の気持ちでいっぱいです。

専門学校における講師の仕事も、私は常勤でしたので、いわゆるサラリーマンで、

組織の一員として働きました。

また、学科長という責任ある立場を与えていただいていたので、私の場合は、ここで組織人としての生き方を学んだように思います。


学生にも話していましたが、若い頃はある程度の失敗は許されます。経験が少ないのですから仕方ありませんし、周りの人間もどこか想定内だと思っているでしょう。

しかし、ある程度の立場になると、どこまでが自分の判断で許されて、どこからが上司に相談しなければならないか、あるいは、どの範囲の人間にまで情報を共有してもらう必要があるのか、その見極めに苦労したように思います。


私が気をつけていたことは、悪い報告は、すぐにすること。上司を巻き込んで一緒に考えてもらえばよいのです。自分一人で考えていてもらちがあきませんし、一人で悩んでいる間に状況が悪化してしまう可能性も大です。

ただし、自分が行いたい方向性はしっかり打ち出し、相談していました。やみくもに自分の考えもなく困ったときにばかり相談していたら、忙しい上司をイライラさせてしまうだけです。

また、当然ですが相談するときには、ある程度の時間をとってもらうために、事前にアポをとらなければなりません。

突然、デスクに行って、「お話があります！」では、上司も聞く態勢が取れていないため、それだけで気分を害してしまうこともあるでしょう。

悪い報告ほど、いいコンディションで聞いてもらう必要があるのです。

失敗をしたときには、事情を説明する前に、まず起きてしまった事実を伝えること！　これは一刻も早くです。

そうすれば、その後は上司が判断してくれます。急を要すると思えば、その場で事のなりゆきを説明するよう求められるでしょうし、事実だけを受け止め、説明は後でもいいと言われるケースもあるかもしれません。

司会の仕事においては、私は一司会者であるのと同時に、仟言流《せんげんりゅう》という司会プロダクションのトップとして動いています。

ミスのないように細心の注意を払って臨んでいる仕事ですが、残念ながら所属している司会者がミスを犯してしまうこともあります。

私が司会者たちに一番注意を促しているのは、「少しでも気になることがあったら、すぐに報告してください」、そして「迷ったら報告すること。判断するのは、あなたではなくて上司です」ということです。

なぜなら、**自分が渦中《かちゅう》にいると冷静な判断がつかないこともある**からです。

人間は、イヤなことは後回しにしがちです。また自分に都合の悪いことが起きれば、何とかごまかせないかという気持ちがつい働いてしまうこともある、弱い生き物です。でも、今は、たとえば交通事故を起こしてもドライブレコーダーが搭載されていたり、SNSが発達して何かあるとすぐ話が広まったりしますよね。もはや隠し通せる世の中ではありません。

事の大小にかかわらず、何かアクシデントを起こしてしまったときには事実を明らかにすることだと思います。**それが自分を守ることにもつながる**でしょう。

自分が上司や責任者という立場に立ったからこそ、見えてくるものもあります。

上に立つ人間は、いざというときに責任をとらなければいけませんから、状況を正確に把握しておく必要があります。

そう考えると、**上司というものは、途中段階の案件についても事の進捗《しんちょく》状況が気にかかりますし、知っておきたいもの**です。

実は、**仕事ができると言われる人は、この報告を欠かしません**。

あなたも、何かのプロジェクトを任されたら、一つの段階ごとに上司に状況を報告することをおすすめします。

そうすれば自分がいかに動いているかというアピールにもなります。

何より、**上司は事の経過を知るだけで安心する**でしょう。上司にとって、何を考えているかわからない部下を持つことが一番の不安材料になるのではないでしょうか。

それには、**お互いに日頃から臆せず話せる関係性をつくっておくこと**です。

もちろん人間ですから、合う合わないという相性の問題はあります。

でも、「あの上司は苦手だから話せない」とか、「最近の若い人は何を考えているのか、言葉が通じない」とけん制し合っていては、仕事になりません。そこは、ビジネスライクに割り切っていきましょう。

今の時代、上司と部下の関係性もかなりフランクになってきました。

とはいえ、**もしもあなたが部下という立場なら、「あの件どうなった?」と上司に聞かれる前に報告する**努力をしてみてください。

あなたが上司になったときにわかることですが、それなりの立場にある人は、さまざまな仕事を抱えています。できるだけ自分に負担をかけない部下に仕事を任せたいと思うものです。

上司に「あの件どうなった?」を言わせない。

たったそれだけで、あなたの株はぐんと上がることでしょう。

やがて〝圧倒的な差〟を生む習慣

11

「ほんのちょっとの先回り」が、こんなにうれしい

ホテルやレストランに行くと、サービスマンがスマートにドアを開けてくれます。これは、**サービスする側がお客様の行動を先読みして動いているから**でしょう。

日常生活においても、さりげなくこういうことができたら、相手への気くばりが感じられて素敵だと思います。

欧米ではレディファーストの観点から、ドアは男性が開けるものという考えがあるようですが、これも相手への思いやりの気持ちから来ているのだと思います。

パーティーなどでエスコートしてもらうシーンでは、そのほうが自然ですが、職場や日常のちょっとしたシーンでも、**誰かのためにドアを開ける心づかいは、男女を問わずあってもよい**のではないでしょうか。

接客マナーにおいていわれているのは、内開きのドア、つまり、外側から部屋に向かって開くタイプのドアの場合には、**接客する側が開けるのと同時に先に部屋の中に入り、ドアを押さえた状態で案内する**。

外開きのドア、部屋から外側に向かって開くドアの場合は、**開けたらドアを押さえた状態で、お客様を先に部屋へ通す**という方法です。状況によってその限りではないと思いますが、確かに洗練された振る舞いに見えます。

このような振る舞いについては、気に留めない人もいるでしょう。でも、素敵な雰囲気を持っている人とか、**エレガントな雰囲気が漂《ただよ》う人、品性が感じられる人がさりげなく行っている**ことです。

自分のことだけを考えるのではなく、相手のことを考えて動く。次に起こることを先読みして誰かのために動く。心に余裕が感じられる気くばりです。ぜひ実践してみてください。

「品のいい人」のスマートな振る舞い

12

エレベーターに乗るときの「自然な立ち居振る舞い」とは

前項でドアを開けるコツをご紹介しましたが、エレベーターを乗り降りする場合においても、気のきいた振る舞い方をお伝えしておきましょう。

接客マナーにおいては、次のような基本的な考え方があります。

エレベーターにお客様を乗せる場合、**扉を手で押さえ、お客様を先に乗せる。**エレベーターに誰も乗っていない場合には、安全を確認するという観点から、接客する側が先に乗るケースもある。どちらにしても、**接客する側はエレベーターに乗ったらすぐに操作ボタン側に立つ。**

エレベーターを降りる場合には、**先にお客様を降ろします。**

このとき、降りたお客様が行き先に迷わないように、「降りられましたら、左手にお進みください」など、**案内の言葉を必ず添える**……という具合です。

普段、何気なく利用するエレベーターですが、友達や家族以外の人と乗るときに、どう振る舞えばいいのか？　実際に体験しないと、なかなかスムーズにできないものです。接客業に携わっていない方でも、目上の人と行動するときなど、ぜひ実践してみてください。

あなたの品格を一段上げてくれるはずですし、「気が利く！」と好印象にもつながるのではないでしょうか。

ちなみに、エレベーターの中での沈黙が気まずい……と思う方は多いようです。

実は、エレベーターの中で黙っているのは、マナーとしては〝正解〟。**エレベーターの中に他に人がいる場合には、何も話さないことが基本**です。

というのも、エレベーターは狭い空間ですから、他の人にこちらの会話の内容が筒抜けになってしまうからです。また、距離も近くならざるを得ません。エレベーターの中は、他人との共有スペースであることを意識しましょう。
ただ、**他に人が乗っていなければ、一言二言、会話を交わしたほうが自然**でしょう。
このときの会話は、特に気のきいたものである必要はないと思います。天候の話など当たり障《さわ》りのない話題でいいのです。

人と接しているときに動作がぎくしゃくしてぎこちない人は、何か不安定さや違和感を覚えさせます。

一方、**動きが滑らかでさりげない気くばりが感じられる行動は、安心感や信頼感を生み、よい印象を与える**ことができます。

自分のことだけ、目の前にあることだけではなく、周りを見てほんの少し先を読んで行動するだけで、ふとした行動には大きな違いが出てくるものです。
「エレベーターに乗る」というちょっとした行動にも、好感を持たれる人とそうでない人の差が生じてくるのです。

見る人に〝違和感〟を覚えさせない気くばりを

2章

相手の「感情」に寄り添い、スマートに気づかう

――「この人はわかってくれている」と印象づける

13

喜びの表現は「素直であればあるほど」心を打つ

あなたはうれしいことがあったとき、素直に喜びを表現できていますか?

たとえば、希望の学校に進学できたとか、昇進試験に合格したとか、コンサートのチケットが入手できたとか、宝くじに当たったとか。

そういうときには、思わず「やったー!」と声に出して喜ぶことだってあるかもしれません。多くの人は自然に喜びを表すことができているはずです。

では、人にほめられたとき、人から何かをプレゼントされたときはいかがでしょうか。相手に伝わるように、喜びを表現できていますか?

日本人は控えめなので、ほめられても「いえいえ、とんでもない」とか、物を贈られても「恐れ入ります」などと、控えめな表現を使うことが多いように思います。
控えめであることは、思慮深さの表れだともいえるので、それはそれで素敵な表現だと思います。

でも、ほめられたとき、プレゼントされたとき、相手が人だからこそ、喜びを大きく表現することがあってもよいのではないでしょうか。

明るい人の周りに人が集まるように、**喜びの表現が豊かな人の周りにはいつも華やかな雰囲気が漂っています。**

何かを贈られたら「**わ〜、うれしい！　これほしかったの！**」と喜んだり、仕事でほめられたら「**〇〇さんにほめていただけると、またがんばろう！　と思えます**」と、さりげなく相手への感謝の気持ちを伝えるとか。

そんなふうにストレートに喜びを表せたら、プレゼントを贈った人は贈り甲斐があったと思えるでしょうし、ほめた人は声をかけた甲斐があったと思えるでしょう。

喜びを大きく表現することで、何より相手と喜びを分かち合うことができるのです。

外国人は日本人から見るとオーバーではないかと思うくらい、大きなアクションをとりますが、人間関係を円滑にするコツのようにも思えます。**お互いにハッピーになるような会話が成り立っている**のです。

とはいえ、喜びを大きく表現するのは、意外と難しいものです。私がそのことを実感したのは、私自身の結婚式のときです。

結婚式は、主人が私に内緒で企画してくれたサプライズの式でした。再婚同士ということもあり、式や披露宴は考えていなかったのですが、主人は機会を見て行おうと考えてくれていたようで、結婚してから数年経った後に、司会のお弟子さんたちと一緒に企画してくれたのです。

私は、当日、主人主催の別の目的のパーティーを行うつもりでいました。招待状も私がつくり、ゲストの席次も主人と一緒に考えたのですが、プログラムの中に結婚式が組み込まれていることを私だけが知らされていなかったのです。

パーティーの途中、突然、人前結婚式が始まりました。結婚証明書には出席者全員の署名もあり、ゲストのみな様全員が協力してくださっての式でした。

私は、万感胸に迫る思いでしたが、あっけにとられてしまい、あまりにもとっさのことで、喜びをうまく表現できませんでした。

フランクな主人のお友達は「しのぶちゃん、泣いて泣いて！」と。これにはみんな大笑いでした。ハリウッド映画だったら、ヒロインが人目もはばからず号泣したり、「ワーオ！　ダーリン、アメイジング！」なんて言って、ダーリンに飛びついたりしていることでしょう。私が喜びを豊かに表現できていたら、その場はもっと盛り上がったかもしれませんね（笑）。

喜びという感情は、決して意識して表現するものではありませんが、感情をストレートに表すことで、その気持ちはより相手に伝わるものです。

それならば、**日頃から、喜びをちゃんと言葉で表現したり、少しだけ意識して、大きく表現してみてはいかがでしょうか。**

あなたの喜びによって、周りの人がハッピーオーラに包まれたら素敵ですよね。

≫自分も周囲もうれしくなる「感情の表し方」

14

「わかるよ」のたったひと言で癒される

怒りの感情ほど強いものはありません。普段、穏やかな人でも、感情をあらわにして怒っている姿を見ると、「あの方も人間なんだわ」と妙に安心してしまいます。

相手が怒っていたら、何をおいても一通り話を聞くことです。そして、**まずは共感すること**。

感情を表に出すのは、自分の中で消化できないからであり、そういうときには、受け止める行為が必要です。親しい間柄であれば、「**わかるよ（わかるわ）**」「**それはないよね**」**など、うなずきながら聞いてあげる。**

たとえ、「?・」と思う話が出てきても、こちらから何かを聞いたり、アドバイスをするのは後回し。相手が自分の気持ちを吐き出せるだけ吐き出すのを待ちましょう。

爆発的な怒りはそう長い時間は続きません。ある程度怒りが収まったら、ゆっくりと相手の表情を気にかけながら、自分の意見を話したり、アドバイスしたりすればよいのです。

決して先を急いではいけません。**ゆっくり時間をかけて向き合うこと**です。

仕事などにおいて、矛先《ほこさき》が自分に向けられたときもほぼ同様です。**まずは黙って相手の話を聞くこと**です。

当事者であれば、言いたいことは山ほどあると思いますが、そこは我慢。相手が感情的であればあるほど、冷静なほうに圧倒的にアドバンテージがあります。こちらは、冷静に行動することを心がけましょう。

ただし、相手の怒りがある程度収まったら、主張すべきは主張して、誤解を解かなければなりません。言葉を選んで、落ち着いて話しましょう。

怒りの感情は、人間味あふれる感情ですが、傍《はた》から見ると決して美しいものではありません。

あえて怒らなければならない場面もあるかと思いますが、可能な限り、怒りの感情は表に出したくはないものです。

かくいう私は、決して気が長いほうではありません。ですから、イラッとしたり、カチンときたりすることは結構あります。

そんなとき、**怒りが表に出ないように私が実践しているのは、口角を上げること。**

不思議なもので、口角を上げるだけで、笑顔をつくれた気になります。

そして、口角を上げるというほんの1～2秒のことですが、**一呼吸置くことで、言葉や感情を飲み込むことができる**のです。

そして、その1～2秒で考えます。イラッとしたことやカチンときたことに対して「どうして？」と頭をフル回転させます。

そうすると、この人はこんな勘違いをしているのだとか、忙しいからそんな態度をとったのかもしれないとか……。原因が色々と考えられるのです。

怒りの感情さえ抑えられれば怖いものはありません。こんな言葉で勘違いを訂正しようとか、問題にしても仕方ないとか、その場そのときにすべき最善の方法が見つかるはずです。

怒りは残念ながらマイナスの感情です。

決して周りにまき散らしたくないエネルギーです。

ある程度歳を重ねてきたら、怒りを上手にコントロールして生きていきたいものです。自分の中に宿るエネルギー、せっかくなら、プラスに転じるポジティブオーラに変えてみませんか？

怒っている人には、まず〝共感〟を

15

人の悲しみに寄り添うには、どうしたらいい？

人が悲しみに暮れているときに、その人に寄り添った言葉をかけるのは、非常に難しいものです。人の感情を理解するのは至難の業。人はそれぞれ違う考えや価値観を持っており、本来、人の気持ちは計り知れないものです。

でもせめて、関わりのある人が悲しんでいるときに「あなたのことを心配しています」という思いは伝えたいもの。

そのときには、何をおいてもその人の立場に立って考えることです。自分だったらと置き換えて、想像力を最大限に働かせて考えてみることです。

たとえばお身内に不幸があった場合、親御さんなのか、兄弟姉妹なのか、子供なのか、どんな関係かによっても違いますし、事故なのか病気なのか原因によっても、その人の悲しみは違ってくるでしょう。

葬儀の席では、多弁を弄《ろう》さず、

「ご愁傷《しゅうしょう》様でございます」

「お力落としなさいませんように」

などという短い言葉で伝えます。

でも、親しい間柄では、もう少し踏み込んで、親身な言葉をかけてさし上げたいもの。状況を見て心からの言葉をかけることが、ほんの少しでもその人の救いになるのではないでしょうか。

ただ、どのような言葉をかけたらよいか途方に暮れることもあるでしょう。

気をつけたいのは、気休めの言葉。悲しいときには何を言われても悲観的に受け取ってしまいがち。軽々しい言葉は、相手の心に響かないどころか嫌悪感さえもたらす恐れがあります。

ふさわしい言葉が見つからない、言葉では伝えられないと思ったら、その人のそばに寄り添っているだけでいいと思います。通り一遍《いっぺん》の軽々しい言葉で励ますより、よほど想いは伝わるでしょう。

私は30歳で母を亡くしましたが、そのとき駆けつけてくれた方々のことは今でもよく覚えています。急なことでしたので、私は悲しみに打ちひしがれていましたが、言葉を交わさなくてもお顔を拝見するだけで、励まされ、力づけられました。

そのとき以来、私は、ご不幸に限らず、大切な人が大変な思いをしているときには、どんなに忙しくても状況が許す限り、何をおいても駆けつけるようにしています。

最近は、各地で災害が多く発生しています。何もできないことをもどかしく思っていますが、知り合いの土地で何かあれば、すぐに電話をしたりＬＩＮＥをしたりして連絡をとるようにしています。

よく、「大変なときに連絡をするとご迷惑になるから」と遠慮してしまうという話を聞きますが、自分の目や耳で状況を見たり聞いたりしない限り、何の手助けもできません。

人は、うれしいことは連絡してきても、悲しいときに知らせてくることはあまりないのではないでしょうか。

心配をかけたくない、弱いところを見せたくない、理由は色々あると思います。待っているだけではいけません。何もアクションを起こさなければあなたの気持ちは伝わりませんし、物事も好転しません。

もしも、**人づてにでも知り合いが大変な状況になっていることを聞いたら、遠慮せずに連絡してみること**だと思います。

また、本人が直接連絡してくるような間柄であれば、相手がSOSを発信しているのですから、しっかり受け止めて、できる限りのことをしたいですね。

》逆境にいる人には、こんな「ソフトなアプローチ」を

16

「話を聞くこと」自体が、相手をほっとさせる

人から相談されたり意見を求められたりしたときに、どれだけ真摯《しんし》に向き合えるかでその人の度量がわかると思います。

私はそれほど人に相談するほうではないのですが、人生の転機のような大きな決断をするときには、人生の先輩といわれる目上の方に相談するようにしています。

あるとき、この人にはどうしても聞いてほしいと思う先輩がいました。

ただそのとき、その方はとても忙しく、「ごめん！　今、手が離せないから後で聞くね」と。

多忙を極めている人でしたから、仕方のないことです。

決して彼女が悪いわけではないのです。

でもそのときの私は、誠に勝手ながら、**そのときにその瞬間に、話を聞いてほしかったのです**。私にも時間がなかったのです。

それに対して、別の先輩は、同じように忙しい人でしたが、私のために時間を削り出し親身になって話を聞いてくださり、ご自分のお仕事が終わってからの夜中の時間帯や出勤前の朝早い時間に長文のメールをくださり、アドバイスをくださいました。

私はその方と一生おつきあいしていきたいと思いましたし、私が人から相談されたらそのように接していきたいものだと思いました。

人が誰かに何かを相談するというのは、苦しくて答えがなかなか見つからないから、不安なことがあるからどんな意見でも聞きたいからです。

相手がSOSを出してきたら、優先的に時間をつくり、**ほんのわずかでもいいから、まずは耳を傾けたいもの**です。

そして事の経緯を聞いた後、どうしても時間がなかったら、自分の意見を述べたりアドバイスをするのは、後からメールや電話やLINEでもよいのです。

私自身、後輩から相談を持ちかけられることも多いほうです。そのときには、どんなに忙しくても、できるだけ早い日程で会える時間をつくるようにしています。

時間はつくり出すものです。自分のことでいっぱいいっぱいの人は、いつまで経ってもいっぱいいっぱいなのです。相手を大事に思うなら、何をおいてもそのときその瞬間に話を聞いて差し上げましょう。

また、仕事で失敗したときに、安易に「大丈夫、大丈夫！」なんて励ましてくれる人がいますが、本当にあなたのことを考えていたら、厳しい言葉をかけることもあるでしょう。優しい言葉をかけてくれる人が必ずしもあなたのことを真剣に考えているとは限りません。誰があなたのことを考え、真摯に向き合ってくれているのか、かけてくれる言葉からもうかがい知ることができます。

言霊《ことだま》といいますが、人にかける言葉、贈る言葉は大事です。言葉には不思議な力が宿っていると私は信じています。

ですから、悩んでいる人への言葉は慎重に選びたいと思います。
難しいことを言う必要はありません。美辞麗句《びじれいく》を言うのではなく、率直に誠実に。
心ある言葉は相手に響くものです。

「誠実な言葉」は、心にいつまでも残る

17

別れ際に〝うれしい余韻〟を残す人

相手の感情に寄り添うことを考えてみると、別れ際はとても重要です。

「終わりよければすべてよし」といいますが、**別れ際の印象は強く残るもの**で、この別れ際をあなどると思わぬ失態につながってしまいます。

かなり前のことになりますが、あるホテルの宴会場でこんなことがありました。

結婚披露宴の席で、サービススタッフがお客様のお召し物に赤ワインをこぼしてしまったのです。もちろんすぐにおしぼりをお持ちしたのですが、赤ワインの汚れはそう簡単には落ちません。高価なお召し物だったため、お客様は相当お怒りのご様子。

サービススタッフから報告を受けた支配人は、すぐに飛んでいきました。そして丁重にお詫《わ》びし、「替えの上着をすぐにお持ちします。お召し物はお預かりして、披露宴がお開きになるまでに、責任を持ってしみ抜きをさせていただきます」と誠実に対応しました。

それはとても誠意の感じられる対応だったため、お客様も納得して怒りを収めてくださいました。無事に披露宴のお開き前にしみ抜きもでき、ご自分のお召し物にお着替えになりました。

お帰りの際に今一度、支配人がお客様のところに行き、お詫びをした後のことです。

支配人は、ほっと安心したのでしょう。披露宴会場の脇から心配そうに様子をうかがっていた、粗相《そそう》をしてしまったサービススタッフに、あろうことか笑顔でOKサインを出してしまいました。

それがタイミング悪く、**たまたま振り返ったお客様に、その瞬間をバッチリ見られてしまった**のです。

さあ大変、お客様は「無礼にもほどがある!」と、今度こそ烈火《れっか》のごとくお怒りになってしまったのです。もはやお詫びのしようがない事態になってしまいました。

まさに、**別れ際はあなどれない**のです。

くれぐれもラストまで気を抜かないこと。

このエピソードの支配人は、決して悪気があったわけではありません。一安心して、うっかり素《す》の部分が出てしまったのでしょう。ただ、この人は自分の部下にではなく、最後までお客様に気をくばらなければいけなかったのです。


この例はいささか極端かもしれませんが、仕事で大事な取引き先の方と会って商談した後、大切な人と会って楽しいひと時を過ごした後、あなたは別れ際にどんな行動をしていますか？

人と会って、楽しい時間、充実した時間を過ごした後は、お互いにいくらか高揚しているものです。

そして、挨拶をして別れた後も、余韻のようなものが残ります。

プライベートで人と会ったときには、親しい人であれば挨拶をした後、それぞれの方向に向かいます。

そのときに、相手を愛おしく思うと、なぜかもう一度振り返ったりしませんか？

本当に心が通っているお友達だと、同じタイミングで振り返ったりして。「あ〜、

やっぱりこの人とは気が合うのだ」**とうれしい気持ちになる瞬間**です。

一度別れの挨拶をしているのですから、そこでサヨナラなわけなのですが、振り返ったときに相手がすでに視界に入らないくらい急いで帰っていたりすると、あんなに楽しかったのに、なぜか寂しい気持ちになってしまう。

ビジネスで人と会ったときには、相手が見えなくなるまでお見送りをするのが基本です。

上下関係がなく、ほぼ対等と思える関係の場合には、お見送りとまでいかなくても「**失礼します**」**と言った後、私は一呼吸置いてから、歩き出す**ようにしています。私の考える、余韻のようなものを大切にしたいからです。

相手に強い印象を残す別れ際、日常においても少しだけ意識してみてはいかがでしょうか。

最後の瞬間まで、感謝の気持ちを示す

18

「相手が何を言いたいのか」真意をくみとる

結婚披露宴の司会者は、通常は披露宴の2～3週間前に、お客様と一回だけお目にかかって打ち合わせを行います。対面での打ち合わせは原則一回ですので、打ち合わせはかなり集中して、全精力を傾けて臨みます。

そのときに最も大切にしているのが、**お客様の真意をくみとる**ということです。

我々の使命は、お客様のご意向に沿った結婚披露宴をつくり上げることです。

まずはお客様が何にこだわりをお持ちなのか、何を大事にしていらっしゃるのか、それを知るところから始めます。

そのためには、お客様の一挙手一投足を見逃さない、発したたった一言に耳を傾ける努力をします。

よほどさばけたオープンな人でない限り、初めて会った司会者にすべて本音をぶつけてくるようなことはありません。遠慮されていたり、あるいは、この司会者は信用できるのか品定めをなさったり、お客様はそんなことを考えながら、少しずつ、我々司会者に要望をお伝えになります。

ですから、最初は言葉にしないこともたくさんありますし、話す内容が必ずしも本音であるとは限りません。

そこをいかにくみとるかが、プロ司会者としての器量です。

人が考えていることを言葉にしないときには、必ず理由があります。

心が打ち解けていないとか、どうせわかってもらえないと思っているとか、口にするのが恥ずかしいとか。そのことを頭に入れながら心を開いていただけるように、丁寧にお話を伺っていきます。

こんなことがありました。結婚式にまったく興味を持っていないように見えた新郎。このような場合、主導権は新婦が握っていることが多いので、スタッフとしては、どうしても新婦中心に話を進めてしまいがちです。

でも、披露宴は二人のもの。披露宴に携《たずさ》わる者としては当然のことなのですが、何か一つ決めるごとに、いちいち新郎がうなずくのを待ってから話を進めるようにしていました。

すると、新婦が席をはずした瞬間に、新郎がこっそりこうおっしゃったのです。

「僕は結婚式に対するこだわりは特にないのですが、彼女が楽しみにしているので、とにかく彼女に喜んでもらいたい。**彼女を喜ばせたいのです**」と。

これが新郎の本音であり、立派なこだわりだったのです。

さあ、ここからは司会者の腕の見せどころ。新郎の思いを形にするお手伝いが始まりました。

「新婦に花束を渡そうか迷っている」という言葉を聞き出せたので、新婦が最高に喜んでくれるであろうタイミングと段取りを一緒に考え、サプライズ演出の完成です。

サプライズはもちろん大成功！

「結婚式のことはすべて私に任せっぱなしで何もしてくれないと思っていたのに、こんなことを考えてくれていたなんて……」

と、新婦はそれはそれは感激して涙ぐんでいらっしゃいました。

打ち合せの際に、新婦だけを優先して話を進めていたら、もしかしたら新郎は私に本音を話してくれなかったかもしれません。

我々司会者は、何でも話していただける雰囲気をつくること、**「何か言いたいことがあるのではないか」とその人の真意をくみとる努力をすること**が大切です。

実はこれ、日常生活においても言えることです。

専門学校で学生と接していたときも、私は、「先生、聞いて、聞いて！」と歩み寄ってくる学生もさることながら、**どちらかというと、あまり言葉を発しない学生を気にかけるようにしていました。**

人懐《ひとなつ》っこい学生は、万が一私が話を聞いてあげられない状況でも、別の先生をちゃんと探して相談することができるし、解決することができます。

一方、**なかなか口を開かない学生は、誰にも相談できないでいることが多い**のです。

そんな人でも話せる状況をつくる、気にかけていることを伝える。こちらがそうした努力をすることによって、ようやく心を開いてくれます。

そんな学生とコミュニケーションを取れるようになると、私が疲れた顔をしているときなどに、今度は学生のほうから、「先生、忙しいですか？　大丈夫ですか？」と声をかけてくれるようになります。

そういう学生は繊細なのです。

相手の感情に寄り添うという行為をして、ある程度の信頼関係が築けると、心配する側だったのが、いつのまにか心配される側になったりして。

本当、人間は持ちつ持たれつですね。

あなたの味方を着々と増やすコツ

19

相手と「目線」を合わせる

専門学校で教えていた頃、気をつけていたのが、**学生目線に立って考える**ことです。その気づきの原点は、やはり専門学校で講師として、学生たちを教える立場に立ったときのことでしょうか。

私の教え子は、将来ブライダル業界で働きたいという夢を持った学生たち。ところが、ほとんどが高校を卒業して入学してきたわけですから、結婚式に出席したことすらないような若い子たちです。

一方、私はブライダル業界で働き続けていますから、私からすると、学生たちの言動は、「こんなことも知らないの?」ということだらけなのです。

今思うと、最初の頃はその感情をストレートにぶつけ、かなり「上から目線」で学生たちに接していたように思います。恐らく「教えてあげる」という感覚だったでしょう。

当然、学生との関係はぎくしゃくするばかり。2～3年経って、ようやく教えることにも慣れてきて、教えているつもりが学生たちから教わっていることも多く、教えることに試行錯誤していることが、私自身の成長につながっていると気づいたときに、やっと考えを改めることができました。

「上から目線」ではダメだと！

学生たちは、業界のことは知らなくても、ホスピタリティマインドにあふれていました。私の誕生日には、みんなで一生懸命考えて、私が喜びそうなプレゼントを贈ってくれました。毎年学生は変わるのですが、**その時々で「どうして私のほしいものがわかるのかしら？」と思うくらい、心がこもっている上に、ピンポイントでヒットしているプレゼント**なのです。

思いやりの心が深く、私など到底かなわない、豊かな感性を持っている学生たち。一人ひとりをちゃんと尊重していかなければならない、と思いました。

人はみな対等です。自分が優れているとか、えらいとか、知らないことはないなどというのは、おごった考えであり、思い上がりです。自分の至らなさを謙虚に受け止め、目上の人であれ、年下の人であれ、部下であれ、敬意を払って接していくことで信頼関係を築いていけます。

謙虚といえば、棋士《きし》の藤井聡太さん。目覚ましい活躍をされていることは広く知られていますが、私が注目しているのは、対局後の姿。相手が「参りました」「負けました」と言った後、お互いに頭を下げる場面がありますが、必ず相手より深々と頭を下げ、さらに相手より先に頭を上げることがないのです。

まさに「**実るほど頭《こうべ》を垂れる稲穂《いなほ》かな**」。

私には、強くなればなるほど頭を深く下げているように見え、そのたびに敬服しています。超一流の人というのは、このような姿勢が違うのですね。

謙虚な気持ちを持ち続け、ひたむきに研鑽《けんさん》を積む。

藤井さんに「上から目線」という言葉は、これから先も存在しないことでしょう。

また、「上から目線」の人は、思わぬ敵をつくってしまうことにもなりかねません。たとえば、威圧的な態度をとる上司からつらく当たられたと感じ、深く傷ついている部下。人によってはかなり長い間、ネガティブな感情を抱き続けていることがあります。こうして、いつか見返してやると思っていた人に、足をすくわれることだってあるかもしれません。

普段から人に対してどう接しているかは、自らがピンチのときによくわかります。**人からの助けが来る人、来ない人の分かれ目は、案外、日常のちょっとしたことの積み重ね**なのでしょう。私たちも自らの行動を振り返り、気をつけたいものですね。

日頃から思っていることが言動に表れます。

「俺が俺がの我を捨てて、おかげおかげの下で生きよ」。どなたの言葉かわかりませんが、こうありたいものです。

「気持ち」は「普段の言動」に必ず表れる

20

盛り下がるネガティブワードは、〝ポジティブワード〟に変換！

「物は言いよう」というように、**言い方ひとつで印象はだいぶ変わるもの**です。

人に言いづらいことを伝えるとき、少しだけ頭を使ってみましょう。

人はわかっていてもネガティブなことを言われると、いい気持ちはしないものです。同じことを伝えるにも、相手を不快な気持ちにさせずに伝えたほうが、人間関係は断然うまくいきます。

また、たまたま人のうわさ話の中に入ってしまい、悪口を言うのは気が引けるけれど、自分の意見を言わなければならないとき、**相手を傷つけない言い方を身につけておけば、信頼を失うこともない**でしょう。

そこで、日頃からネガティブワードをさらりとポジティブワードに言い換えることを意識してみてはいかがでしょうか。

たとえば、仲間と待ち合わせをしているのに、いつも遅れてくる人がいたとします。

「まったく、○○さんは時間にルーズなんだから」という人が仲間内にいたら、**「きっと、お忙しいんでしょう」**とさりげなくフォローしたり。

「あの人はうわさ話が好きだから」と言いたいところを、グッとこらえて、**「なかなかの情報通だから」**と言い換えてみる。

ここで、ネガティブワードをポジティブワードに変換する具体的な例を、いくつか挙げてみましょう。

・優柔不断→**優しくて慎重を期す人**
・八方美人→**誰にでも気をつかう人**
・おしゃべり→**雄弁《ゆうべん》**

・文句が多い→**自分の意見がある**
・図々しい→**毅然《きぜん》としている**
・仕切り屋→**リーダーシップがある**

いかがでしょうか。ポジティブワードは相手を尊重する気持ちから生まれる表現であり、聞いた人たちを不快な気分にさせないだけではなく、あなたの信頼度を高めることにもなるでしょう。ぜひ言い換えて使ってみてください。

また、時間や年齢の考え方としてよくいわれるのが、

・締切までもう1日しかない→**まだ1日ある**
・もう○歳になってしまった→**まだ○歳、これからだ**

「もう」ととらえるか「まだ」ととらえるか。同じ人生だったら、まだまだと前向きに考えたほうが断然楽しめそうですよね。

ネガティブな言葉を口に出してしまうと、なぜかますます落ち込んだり気が滅入《めい》ったりしてしまうものです。

ポジティブワードを身につけて、明るく朗らかに生活していけば、いいことが舞い込んでくるかもしれません。

「優しい表現」を使おう

21

つえをついた女性に対して……電車の中で目にした、忘れられない気くばり

電車の中で、席を譲るのは意外と難しいものです。

まずは、声をかけてよいものか。席を譲るべきは、高齢者や身体の不自由な方、妊娠している方などに対してですが……。

たとえば、ご高齢の方の場合。最近は年齢よりだいぶ若く見える方、高齢でも元気な方が多くなっています。声をかけたら失礼ではないかと迷ってしまうこともしばしばです。

専門学校で教えていた頃、学生がこんな話をしてくれました。

「明らかにおばあちゃんと見える女性に席を譲ろうと思って立ったら、『結構よ！』と強い口調で断られたことがある。それ以来、高齢者に席を譲るのをためらうように

なってしまった。妊婦さんがマタニティマークをつけるように、高齢者も座りたい人はマークをつけてくれればいいのに」と。

なるほど、合理的な意見です。お互いに嫌な思いをしなくて済む一つの方法かもしれません。ただ、現状はそのようなものは普及していないので、どうしたらよいでしょう。

10代の学生であれば、断られて嫌な思いをしたり、傷ついたりする気持ちもわかりますが、ある程度の年齢になったら、**譲らなかったことを後悔するより、思い切って行動して断られたほうがいいかな**と思います。万が一、断られたら、恥をかかされたなんて思うのではなく、笑い話にすればよいことです。

そして、**席を譲るときには、「どうぞ」と言って立ってしまうこと**です。声はかけたのだけど、中途半端な状態でいると、相手も遠慮してしまうものです。さっと立ってから、「どうぞ」と声をかけてもよいかもしれません。

席を譲るときには潔く！　がポイントです。

また、声をかけるタイミングも難しいものですよね。

先日、私が電車に乗っていると、途中から、つえをついた年配の女性が大きな荷物を持って乗ってきました。見るからに大変そうです。ところが目の前に座っている人は、その存在に気づくことなく、スマホを眺めています。

私は向かい側に座っていたので、一瞬声をかけようか迷いました。

すると、**少し離れて座っていた若い男性がすかさず、年配の女性に「こちらへどうぞ」と声をかけ、大きな荷物を持って、自分が座っていた席まで案内し、席を譲った**のです。

その一連の行動はとても速やかで、さわやかで。私は、判断が遅れたことを反省するのと同時に、彼に対して畏《い》敬《けい》の念を抱きました。

私と同じように声をかけようかと迷った人は、同じ電車内にきっと何人かいたでしょう。でも、**彼はとにかく早かった。年配の女性の姿を見かけたら、即、行動した**のです。さっと行動に移せたのは、この人だけでした。

恐らくこの方は、普段から小さなことにも気をくばることができ、すぐに動けるフットワークが身についているのだと思います。

「この人はまだ若いけれども、きっと仕事もできて、信頼されていて、周囲から愛されている人なのではないか」……。

そんなことまで考えながら、私まであたたかい気持ちになりました。

何かと慌ただしい世の中ではありますが、周囲に目をくばる余裕がなく、自分のことしか見えていないのは寂しいことです。

自分に余裕があるときには、困っている人にさりげなく手を貸す努力をしてみる。

お互い様の精神でいれば、あなたが困ったときにも助けてくれる人がきっと現れるはずです。

「お互い様」の心がある人は、それだけで素敵

3章

あっという間に心が通う「雑談」のコツ

——相手に「気持ちよくなってもらう」には

22

あえて「知らないふり」ができる人

人は自分の知っていることをついつい人に話したくなるものです。話すことで、相手と情報を共有したい。そして一緒に驚いたり面白がったり共感したりしたいのだと思います。情報通であることをアピールしたい、人を喜ばせたい、そんな思いもあるかもしれません。

そのようなとき、**聞く側として気をつけたいのは、話の腰を折らないこと**。その話について、すでに知っている情報だとしても、まずは話を聞いてみましょう。たとえば、意気揚々とやる気満々で話し始めた相手に、始まった途端あなたが、

「あ〜、それ知ってる！　〇〇でしょ」

と結論を言ってしまったら、相手はどんな気持ちになるでしょう。

あなたは悪くありません。事実を伝えただけですから。でも、そこが気くばりというもの。

ひとしきり話が終わるまで、相手の話を聞いてみてください。

もちろん、嘘をつくことはありませんから、あなたが知っていることであれば、「そうらしいわね」とか、「私もそのようなことを聞いたわ」という合いの手を入れるのはよいでしょう。

でも、同じ情報でも伝わり方が微妙に違うことってありますよね。あなたが聞いたものとは別の解釈で話が伝わっていることもあるでしょうから、まず聞くという姿勢は大事です。

なおかつ、最後まで聞くことで、相手の「話したい」「語りたい」という欲求を満たすことにもなります。

あえて「知らないふり」をする。ほんの一瞬でいいのです。相手に合わせてあげる。そんな気くばりで相手は気分がよくなり、良好な人間関係が保たれるように思います。

≫ちょっとしたことで、可愛がられ度アップ

23

「面白く聞いていますサイン」は相手にわかるように出す

先にも述べましたが、人にはみな「話を聞いてもらいたい」「語りたい」という欲求があります。相手を気分よくさせるには、その欲求を満たすこと。つまり、**思う存分語ってもらうこと**です。

相手が語る話題はさまざまでしょう。同年代の人の話は、共通点も多く、すんなり入ってくるでしょう。

でも、年配の方の話は、どうでしょう。年配の方は、人生経験が長く、それなりの立場に就かれていることも多いため、比較的、ご自身のこれまでの経験や功績、時には武勇伝を話したがるものです。

聞く側にとっては、自慢話のように聞こえることもあるかもしれません。

そのような話に、あなたは興味を持てますか？

最初から素直な気持ちで聞ける人は案外少ないかもしれません。特に若い人は。自分に関係ないことを話されても……と思いますよね。気持ちはよ～くわかります。

でも、世の中、知らないことはたくさんあります。人生経験豊富な方のお話に耳を傾けてみたら、目からうろこのお話が聞けるかもしれません。

万が一、役に立つことが何一つなかったとしても（笑）、あなたが誠実な態度で話を聞くことができたら、相手は、それだけで満足してくれることでしょう。

つまりは、**あなたのことを気に入って、何かと目をかけてくれることになるかもしれません。**


話を聞くときには、「聞いています」ということを態度で示すこと。時折うなずいてみたりして。また、興味をそそる内容であれば、面白がって聞くこと。

「それで、どうしたんですか？」

「えっ、すごいですね～」

なんて言葉を入れれば、相手は、それはそれは気分よく話してくれるでしょう。

専門学校時代、授業中に私がちょっと本題からそれて体験談などを話すと、必ず一人二人、聞き上手な学生がいて、「先生、それでそれで？」と聞いてくるのです。私はすっかりその気になって、長々と話してしまいます。

「つまらない授業より体験談のほうがまだマシだ。ここはできるだけ引っ張ろう」という、恐らく彼女たちの作戦なのですが、まんまとのせられてしまうことが何度あったことか。

でも、それでいいと思います。こちらも真剣に聞いてくれるのなら、少しでも彼女たちのためになることを楽しく話そうと、気合いも入ります。

面白がって人の話を聞くことの効果は絶大です。

そして、聞く側が気をつけたいことのもう一つは、あなたの考えと違うことを話されても、その場では決して反論しないこと。相手は、あなたと議論することは求めていないはずですから。

目上の人との関係を築くとき、まずは認めてもらうことから始まります。

認めてもらって、ある程度の信頼関係が築けたら、自分の意見を述べても気持ちよく受け入れていただけるでしょう。

同じ年代の人とは、会ってすぐに意気投合ということが多いと思いますが、年代の違う人とは、辿《たど》ってきた道や時代が違いますから、関係を築くことにおいても、あせらないことです。

それには、まずは聞くこと。**相手に語らせること**なのです。

離れた世代とも盛り上がれると、強い

24

うれしいほめ方、空回りするほめ方

私たち司会者は、ヨイショが命！　というモットーで司会をしています。結婚披露宴やパーティーでスピーチする人を紹介するとき、気分よく登場していただくことで、いいスピーチもしていただけるものです。

また、結婚披露宴は人生における一大セレモニー。主役である新郎新婦を紹介するときに、ほめ過ぎということはありません。

実際の人柄とかけ離れている表現は問題がありますが、成績優秀な新郎に「頭脳明《めい》晰《せき》」とか、明るい未来が開けていることに対して「将来を嘱望《しょくぼう》されている」とか、聡明な新婦に対して「才色兼備」、美しい新婦に対して「明眸皓歯《めいぼうこうし》」など、**普段より少しだけアップグレードした言葉を使うくらいがちょうどいい**のです。

ほめられて気分を害する人はまずいません。
たまに、お世辞を言われたり、オーバーな表現を使われたりすることを嫌う人もいますが、それは人前で大げさに言われることに対しての抵抗感ではないでしょうか。ほめるという行為自体には、決して嫌な気はしていないのではないか、と思います。

ただし、ほめるときには、**その人にとっての「ほめてほしいと思うところ」**、**「ほめてもらうとうれしいところ」を見抜く力**も必要です。つまりほめるツボを押さえることです。

相手をほめるには、やはりその人自身をよく見ることです。ほめるということは、相手を気にかけることであり、観察することです。

最近は、異性が髪型や体型について言及することは、たとえほめ言葉のつもりで発した言葉であっても、ハラスメントに当たるという見解もあるようなので、気をつけたいところですし、少々ナーバスな問題ですが、要は、お互いの信頼関係が築けているかどうかだと思います。

日頃からコミュニケーションが取れていれば、そういう人の言葉はすんなりと心に入ってくるものです。

相手のいいところを探すとき、外見や容姿以外では、**その人の人柄や仕事に対する姿勢**などがあるでしょうか。

誰も見ていないところで片付けや掃除をしたり、上司から言われる前にわかりやすい資料を用意していたり、そんなふうに努力している人に対しては、気づいた時点でほめることです。


ほめるときのタイミングも逃してはいけません。**気づいた瞬間にすぐに言葉に表して伝えるのがベスト**でしょう。そのほうが効果的です。

専門学校時代、教え子の中には、

「先生、私をとにかくほめてください！　私、ほめられると伸びるタイプなので」

と堂々と口にした学生もいました。

気持ちはよ～くわかります。私も、両親にほめて育てられたほうです。ほめられると俄然やる気が出てきますし、大きな自信にもつながるということは、経験からよくわかっているつもりですから。

そうです。相手をほめることで生まれる効果は、とても大きいのです。

そして、**人は自分のことをほめてくれた人のことは、ずっと覚えているもの**です。

「あの人は、自分のことを見てくれている。わかってくれている」

そういう思いは、やがて信頼につながっていきます。

ほめるときには、ほめるツボを押さえることとお伝えしましたが、**自分では気づいていない点をほめられるのも、案外うれしいもの**です。

いずれにしても、相手のいいところを見つけることに労力を費やし、すぐに言葉にして伝える。コミュニケーションの第一歩ともいえるアクションです。これも習慣にしてしまえば、楽しいものです。相手のいいところを伝えるだけで、会話もはずみ、相手との距離まで縮まっていきます。

日本人は人をほめることも人にほめられることも、どちらかというと苦手なのかもしれません。素敵だと思っていても率直に伝えられなかったり、ほめられてうれしいと思っても、謙遜し過ぎて喜びを素直に表現できなかったり……。

謙虚でシャイなところは日本人の美徳とされているところだと思いますが、グローバルな時代、誰とでも打ち解けるためには、自分の気持ちを自然に伝える表現方法を身につけておきたいものです。

ちなみに、私は専門学校の授業や話し方のレッスンで、**二人一組になって数分間にわたってお互いにほめ合うというトレーニング**を取り入れていました。

最初は、お互いに小声ではずかしがりながらほめ合っているのですが、時間が経過するに従い、だんだんと二人とも笑顔になり、ラストにはお互いニコニコしながら明るく大きな声でほめ合うようになるのです。

家族とでも友人とでも、ゲーム感覚でほめ合ってみてください。お互いにいいところを一生懸命探す中で、新たな発見があるかもしれません。

気の利いた「ほめ方」を知っておく

25

今の3倍、相手を「ヨイショ」

ヨイショというと、何だか人に媚《こ》びるようなイメージがあるかもしれませんが、これからお話しする「ヨイショ」と「媚びること」とは、私は分けて考えています。

「媚びる」とは、相手に気に入ってもらえるように振る舞うことだと思いますが、**ここでいう「ヨイショ」はあくまでも相手を喜ばせたい、相手に喜んでもらいたいという純粋な思いから発する言葉**です。

もちろん、結果的に相手が気分よくなって、あなたのことを気に入ってくれたらラッキーですが、はじめから、そのことだけを目的にして発言するヨイショは、恐らく見え見えで、相手に受け入れられないこともあるでしょう。

人をほめるのは、その人のことを気にかけていないとできないことです。

不思議なもので人間は、自分のことは棚に上げて、他人の欠点は妙に目につくものです。その代わり、いいところというのは、その人をよ〜く観察していないとなかなか見つけ出せないものです。

ましてや、日本人はシャイな人が多いですから、相手のいいところをストレートに口に出して伝える人は意外と少ないように感じます。

あなたが少々勇気を出して、いつもより少し大げさな表現で相手をヨイショしたら、思いのほか喜んでもらえるに違いありません。

話は少しそれますが……。

私の母は、学校の先生が家庭訪問に来ると、私たち子供のことを、それはそれはほめていました。何事にも謙虚な母が、親ばか丸出しでどうしていいところしか先生に伝えないのかと思い、あるとき、母に尋ねたことがあります。

すると母は、こう言いました。

「あなたたちの欠点を、先生はよくご存じのはず。先生がご存じない、親だからこそわかるあなたたちの素晴らしいところを伝えなければ、気づいていただけない。クラスにはたくさんの子供たちがいるのだから」と。

小さいときは、母が我が子のことを自慢しているようで、実はあまりいい気がしなかったのですが、この歳になってようやくわかるようになりました。

人のいいところは見つける気にならないと、案外目に留まらないものなのです。

人のいいところを意識的に見つけるように心がけていると、不思議なことに、自然と欠点も気にならなくなってきます。

「あの人のこんなところは苦手だけれど、自分にはないこんな素敵なところがある人なのだから、うまくおつきあいしていこう」と思えるものです。

そして、そう思えるようになったら、その素敵なところを声に出してお伝えしていきましょう。

伝えるときには、大げさくらいがちょうどよいのです。

ほめられて嫌な気になる人はいません。

照れくささや誠実さから、ヨイショされることを嫌がる人も中にはいますが、そんな人も内心はそれほど不快に思っていないはずです。

遠慮せず、恐れずに、どんどんヨイショしてみましょう。

普段、しかめっ面をしている気難しいと思われていた人が、あなたに笑顔を向けてくれるようになるかもしれません。

それだけで幸せな気分になるではありませんか。

「自分は大切にされている」と感じさせる

26

ちょっとした「笑い」は、場の空気をほぐす即効薬

初めて会った方とは、打ち解けるまでに時間がかかるものです。

そこで、相手の心をオープンにするのに一番効果的な方法が、笑いです。相手を笑わせることです。

ここでいう「笑わせる」とは、お笑い芸人や落語家の笑いとは少し意味合いが異なります。あくまでも、**場を和ませる笑い**です。

ですから、バカ笑いしたくなるような笑いではなく、思わず「クスッ」と一瞬お互いに笑顔になってしまうようなもので十分です。

我々披露宴の司会者は、披露宴の前に一度、新郎新婦とお目にかかっての打ち合わせがあります。初対面ですので、お互いに緊張感があります。

こちらが、「どんなお二人かしら?」と思っているのと同じように、新郎新婦も「どんな司会者かしら?」「ちゃんと任せられる司会者かしら?」と思っていらっしゃるからです。

披露宴の司会者は明るくさわやかにがモットーですから、思いっきり笑顔でご挨拶するのですが、どうしてもお互いに恐る恐るという雰囲気です。

私が名刺をお渡しして自己紹介をすると、中には、肩書きをチェックされて、「えっ? 社長さんなんですね」なんて言ってくださる方もいます。

そんなとき、私はすかさず、「なんちゃって社長なんです!」(実際そうなんですが)と少しおどけて言ったりします。

そこで、お互いに「ハハハ!」となるわけです。

大して面白くもない**たった一言なのですが、その一言で場が和む**のです。

「いいコミュニケーションを取る」には、こんなちょっとした心がけ、気くばりだと思います。

打ち合わせ中も、新郎新婦に笑っていただけるような配慮を怠りません。

もちろん私は笑いのセンスに恵まれているわけではないので、前述レベルですが(笑)。

新入社員だったら「やる気だけはあります」とか「体力だけは自信があります」、営業職だったら「明るさだけが取り柄です」とか。

そういう一言でも、大きな声で元気に言われたら、こちらは笑顔になって応援したくなりますよね。

相手の懐に入るには、まず「笑わせる」こと。笑いによって緊張がほぐれ、笑顔になることで筋肉の緊張をほぐす副交感神経が活性化されれば、お互いにゆったりとした気持ちになり、交渉事もうまく運ぶかもしれません。

»「ユーモアのある人」こそ可愛がられる、慕われる

27

こんな「オープンマインドな人」を、人は嫌いになれない

相手との信頼関係がまだしっかり築けていないとき、あるいは初対面のとき、お互いの距離を縮めたいと思ったら、あるいは相手のことを知りたいと思ったら、**まずは自分のことを話す**べきです。

こちらが相手との距離を縮めたいと思っているのに、なかなか距離が縮まらないのは、相手があなたに警戒心を持っているか、もしくは興味を持っていないからです。大丈夫。相手が警戒心を持っているなら解けばいい。興味を持っていないなら持ってもらえばよいのです。

それには、まずは自分のことから話しましょう。仕事上のつきあいであれば、入社して何年目であるとか、今までの経歴とか。たとえば、

「先月まで札幌《さっぽろ》支店にいました」

「札幌ですか。友人が住んでいて、昨年の夏に訪れましたよ」

「そうですか。昨年は、例年に比べてだいぶ暑かったんですよ」

「そうそう、暑かった！」

という具合です。札幌という共通点を見つけることができたことで、親近感が湧いてきますよね。

プライベートのおつきあいであれば、家族のことを話すところからでしょうか。自分から話せば相手のことも聞きやすいですし、共通点があれば、相手のほうから乗ってくるはずです。

こんなふうに自分のことを少しずつ話すうちに、相手も心を開いてくれて打ち解けることができるでしょう。

また、人間の心理として、スキのない人には心を許さないもの。**ちょっとした自分の弱みや困っていることを話す**のも、相手の警戒心を解く方法です。

あまり深刻なものではなく、

「ステイホーム中にどんどん大きくなっちゃって」とか、

「私は家事能力ゼロなので、家の中は大変なことになっています」

という具合に。

深刻になり過ぎず、ちょっと笑えるような内容だと、相手もリアクションに困らないですし、会話が和やかになりますよね。

相手の心をオープンにするためには、自分のことをオープンに話すことです。

「愛嬌《あいきょう》」は手軽に演出できる

28

「小さな共通項」を見つけて、相手を惹き込む

人間は、どんなささいなことでも共通していることがあると、なぜか仲間意識が生まれ、ほっとしたり安心したりうれしくなったりします。

仲よくなりたい、距離を縮めたい、理解してもらいたいと思ったら、とにかく一つでも共通項を見つけることです。

初対面の人と名刺交換をしますが、**名刺の中にも共通項を見つける要素はたくさんあります。**

まず**名前**。苗字が同じ、名前が同じ。

「しのぶさんとおっしゃるのですね。私もしのぶです」

「あら、何だかうれしい」

「私も光栄です」

会社の所在地も、いいですね。

「本社は吉祥寺にあるのですね。実は私、学生時代に吉祥寺に住んでいました」

「北口ですか？　南口ですか？」

「南口です。井《い》の頭《かしら》公園のそばでした」

「会社もその辺りです。これはご縁ですね」

初対面の人とは、なるべく早い段階で共通項を見つけたいものです。打ち解けるのも早くなり、その後話しやすくなりますから。

出身地、出身校、現在の住まい、利用している路線、家族のことなど、それこそ集中して丁寧に相手の話を聞いていくうちに、探し出すのです。

中でも、**出身校の絆《きずな》**は強いものがあります。

私は、司会の打ち合せで、主人と同じ出身校の方にも、「うちの主人も同窓です」とお話ししちゃいます。

「えっ、そうなんですか〜！　じゃあご主人は先輩ですね〜」

となるわけです。私にはまったく関係ないことなのに。
共感してもらうためには何でも使います（笑）。

そして、**出身地が一緒というのは最強**です。名所や有名なお店の話題で盛り上がれますし、辿っていくと共通の知り合いがいたりして。そうなるとほぼお仲間状態。初めて会ったにもかかわらず、かなり親しい関係になった気がしちゃうのです。

何度か会う機会のある方や、仕事上のつきあいのある方と、もう一歩近づきたいと思ったら、**好きなものや趣味の話、興味を持っていることの話まで踏み込む**とよいでしょう。
野球、ゴルフ、テニスなど**好きなスポーツが一緒であればすぐに盛り上がります。**また、釣《つ》りや将棋なども好きな人はこだわりがあるでしょうから、会うたびに談義に花が咲くことでしょう。映画や音楽、本の話でも好きなジャンルが合えば、これもかなり語り合えることでしょう。

好きなことが一緒というのは、深く関わりたいと思うときに強い力を発揮します。

ですから、多趣味な人、好奇心旺盛《おうせい》な人というのは、話題も豊富ですし、色々な人とすぐに打ち解けて、人脈も広いように思います。そういう人は人間的な深みもあり、魅力的ですよね。

そうなりたいと願いますが、一朝一夕には趣味は増やせません。

私は、残念ながら趣味といえるほどのめり込めるものを何一つ持っていないのですが、職業柄、人と分かり合えなければ仕事になりません。そこで、実践しているのが、浅く広く興味を持つこと。

スポーツは得意でないどころかほとんどできないのですが、スポーツニュースを見るのは大好きです。時間があればBSなどでスポーツ中継も観て楽しんでいます。

また、映画や音楽も話題のものはチェックするようにしています。今は、映画もインターネットで気軽に観られるようになりました。

ちょっと空いた時間に観てみると、評判が高い理由がわかったり、観なければ損をするところだったと思うほどの作品に出会うこともあります。

趣味が共通という域には達しなくても、相手の話に合わせることができれば、距離は縮まり、楽しく盛り上がることができます。

人との共通項を見出すためには、よほど多彩な趣味を持っている人でない限り、色々な人に合わせられる努力を自らすることです。

共通項を見つけることは、人間関係を築く上で、相手の懐に入る大きな武器。

一つでも多く相手との共通項を見つけられるように日々精進です。

どんなテーマでも盛り上がれる人になる

29

考えが違っても、すぐ反論せず、一度素直に受け入れてみる

披露宴の司会者として披露宴当日はもちろん大切ですが、それ以上に私が重きを置いているのが打ち合わせです。

通常は、新郎新婦とお目にかかっての打ち合わせは一度きりですので、全身全霊を傾けて臨みます。新郎新婦の一言一句を聞き逃さない気構えです。

一番大切なのは、まさに新郎新婦に心を開いてもらうこと。それには、「お二人と同じ考えです」ということを伝え、いかに信頼してもらえるかです。

お二人のご希望を聞き出し、万が一、難しいご要望であると思ってもご要望自体には賛同します。**同調する**のです。

ただ、司会者の立場から考えると、実行不可能に近いこともあります。

が、そんなときでも**決して否定的な表現は使いません**。

たとえば、新郎新婦がゲストへのメッセージカードを披露宴中に一人ひとりに手渡したいと希望されたとします。少人数の場合であれば可能ですが、30名以上になると、時間的にはかなり厳しくなります。

しかしながら、一人ひとりに感謝の気持ちを伝えたいというのは素晴らしいことですし、ゲストも手書きのメッセージカードをいただけたら、素敵な記念になりますし、間違いなくうれしいでしょう。

そこで、メッセージカードを渡したいということに対して、

「それは素晴らしいことですね」

と同調します。

その上で、披露宴は限られた時間で行われるため、一人ひとりに手渡していたら他のプログラムに影響が出てしまうことを伝え、

「ゲストのお席にあらかじめ置いておいたらいかがでしょうか」

などといった具合に、代替案を提案するのです。

一度同調することで新郎新婦も安心しますし、その後に丁寧に事情を説明すること

で、スムーズに納得していただけるものです。

もしも、こちらが頭ごなしに否定したとしたら、どうでしょう。新郎新婦はすべてを否定されたように感じて気分を害されるでしょうし、一度そうなってしまったら、代替案を出しても受け入れてもらうのは難しくなるでしょう。

だから、**まずは同調して、相手を肯定的に受け止める**のです。

これは、会議など話し合いの場においても同じです。

明らかに自分の意見と異なる意見が出された場合に、真っ向から「反対です」と言ってしまったら、お互いに嫌な思いをするだけです。

まずは、

「○○さんの意見もわかります」

「そのような考えもあると思います」

と同調する。

それから、「ですが、このような観点から私はこのように思います」と反対意見を述べるのが賢明だと考えます。

自分と違う意見だからといって感情的に否定するのは、理性に欠けていますし、スマートではありません。

主張するときには、冷静に論理的に説明することを身につけていきたいと思います。

日本人は論理的に話すことが苦手といわれています。以心伝心、阿吽《あうん》の呼吸というように、日本には言わなくてもわかるだろうという文化があります。

それに対し欧米では、違う民族が集まっていて文化も異なるため、言語によりコミュニケーションを図るしかない、そのためには誰にでもわかるように論理的に説明するしかないという考えがあるのだと思います。

アメリカでディベートが盛んなのも、しっかりと主張し他人を説得できる能力を備えた人が認められるべきだという考え方が背景にあるようです。

論理的思考に立てば、会議や話し合いの席では、賛成か反対かということが問題なのであり、結論が先。ですから、反対の意見を述べている人への同調も余分なことと見なされるのかもしれません。

しかし、そこが日本人ならではの配慮です。

国際的な場で外国人を相手にディベートをするのでない限り、日本においては相手と異なる意見を述べるときにも、一度同調し、相手の意見を受け止めてから反対したり説得したりすることが、最善の策だと思います。

「人の意見を尊重できる人」になる

30

相手に「教えてもらう」のも気づかいの一つ

「聞くは一時の恥、知らぬは一生の恥」といいますが、歳を重ねれば重ねるほど、知らないことを知らないと言えなくなるものです。

「この人、こんなことも知らないんだ」と思われるのは、誰でも嫌ですよね。

でも、知らないことを知らないままにしておくと、それこそ墓穴《ぼけつ》を掘ることになりかねません。

恥ずかしい気持ちもよくわかりますが、そこはあえて思い切って、

「これはどういうことでしょうか。教えてください」

と言って、素直に謙虚に教えてもらいましょう。

「教えてください」と言われたほうは、知らないことに関して相手をばかにするということはほとんどないでしょう。

むしろ、**正直に「知らない」と言うあなたに誠実さを感じる**かもしれませんし、「教えて」と言われたことで、ちょっぴり優越感のような気持ちも抱いたりして、喜んで教えてくれるでしょう。

また、**知らないことがあるというのは、相手にちょっとした弱みを見せる**ことになります。そのことにより、相手に安心感を与え、打ち解けるきっかけになることさえあると思います。

見栄を張って知らないことをスルーしたり、ごまかしたりすることは、決してあなたのためにはなりません。

良識ある人とは、知らないことを知らないとはっきりと言える人でしょう。知ったかぶりをして自分を大きく見せようと思うと、必ずどこかでボロが出るものです。

また、知らないことをはっきりと言える人に対しては、こちらも知らないことを言いやすい雰囲気になります。それが、心が通っている証《あかし》でしょう。

完璧な人はいません。誰だって、知らないことのほうが多い世の中です。

自分の知識を増やす意味でも、知らないことがあったら積極的に教えてもらいましょう。

「人に教える喜び」を相手にプレゼント

31

たったひと言が、コミュニケーションの〝潤滑油〟になる!

人と接するとき、具体的には、面識ある人とすれ違いざまに挨拶するとき、初対面の人に接するとき、仕事で打ち合わせをするとき、知人・友人とプライベートで話すときなどなど、あなたは集中して丁寧に接していますか。

常に緊張していろということではありませんが、神経を研ぎ澄まして接することで、ボーッと接していたら気づけないことに気づき、心を通わせることができます。

近所の方とすれ違いざまにご挨拶するときだってそうです。

「**おはようございます**」だけではなく、たった一言、

「**寒くなってきましたね**」**と付け加えてみる**。すると、

「本当に。もうコートが必要ですね」と返ってくる。

「そうですね。私も着てくればよかったと思っていたところです」と言うと、「お互いに風邪をひかないように気をつけましょう」と返してくれる。

ほんの二言三言でも、寒くなってきたから風邪をひかないように気をつけようということで共感できます。

まさに心が通った瞬間です。

初対面の人に接するときも、相手のことをよく見ていると、手帳が同じタイプであることに気づいたりします。

「私も同じタイプのものを愛用しているんです」と言って、取り出して見せるだけで、一気に距離が近づきます。

話を聞いているときも、意外と他のことが気になって上の空だったり、自分が次に話すことを考えたりしてしまいますが、集中して耳を傾けていると何かしら共感できることが出てきます。

うなずいて聞くだけで相手はほっとしますし、より心をオープンにして話してくれるでしょう。

私がよく利用するクリーニング店での出来事。

3年ほど前まではほとんど休みのない生活でしたので、いつもバタバタ。急に持っていって、「明日までにお願いできますか?」とわがままを言うこともあれば、混んでいるときにはイライラしたりして。

最近は自分なりのペースで仕事をしているので、時間的に少し余裕があります。ですから、急いでお願いすることもなくなりましたし、混んでいるときにはイライラすることもなく待つことができるようになりました。そして「週末はお忙しくて大変ですね」とお店の方にお声をかけることも。

そうすると「お待たせして申し訳ありません。今日もこれからお仕事ですか? がんばってくださいね」とあたたかい言葉をかけていただけるのです。

今までは、慌ただしく行動し、会話もそこそこにクリーニングだけお願いしていたのですが、**たった一言でも相手に向けた言葉をかけることで、相手もそれに応えてくださる。**

その短い会話のやりとりのおかげで、一日をすがすがしい気分で過ごすことができるのです。

ぞんざいに人に接するのではなく、丁寧に接すること。

ほんの少し気にかけるだけで、人と心を通わせることができ、それが心豊かな生活につながるのではないでしょうか。

人と接するときには「集中して丁寧」に

4章

相手の「表情」を読み、一歩先行く心くばりを

——うまくいく人は知っている、「会話と人間心理」の法則

32

「不安な表情」を見逃さず、信頼される存在に

私が披露宴の司会の打ち合わせで、新郎新婦の一挙手一投足を見逃さない、一言一句を聞き逃さないことを心がけていることは、すでに述べていますが、それにもう一つ、**相手の表情を見逃さないこと**を付け加えておきたいと思います。

「人の顔色をうかがう」という言葉は、「あの人は人の顔色ばっかりうかがって動いている」という使い方をして、どちらかというとマイナスのイメージです。でも、ブライダルの仕事をはじめ、接客の仕事においては、文字通り、常に人の顔色をうかがうことが求められるのです。

接客業以外の方も、**知っておくと「一歩先行く気づかい」**ができますので、本章では、そのポイントをご紹介します。

人の表情の中でも注目したいのは、相手の**「不安な表情」**。

というのも、不安な表情を見逃さないのは、後々トラブルになってしまう可能性を秘めているものを事前に防ぐ効果があります。そして、**人との関係において、お互いに抱えている不安要素がないというのは、強い信頼関係につながっていきます。**

たとえば、司会の打ち合わせをしていると、相手がふと視線をはずしたり、それまで盛り上がって話をしていたのに、急に顔がくもったりすることがあります。あるいは、新郎新婦がお互いに目を合わせたりすることもあります。

そのようなときには、私が話していることが腑に落ちないとか、他に言いたいことがあるとか、何か意図がある場合が多いのです。

ですから私は、**相手の表情が少しでも気になったらすぐに、「今までのところでご不明な点などございますか？」と必ず確認をする**ようにしています。

そして、**相手がものを言える雰囲気をつくります。**

つまり、**決してあせらないこと。**丁寧に聞く姿勢で、相手が何か話し出すまで待ってみたり、あるいは「何でもおっしゃってください」という言葉を添えたりします。

こちらが聞く姿勢を持てば、何かしら出てきます。

たとえば、スピーチをする方のお名前と間柄を聞いていて次に進もうとした途端に、新郎の表情がくもったとき。

こちらが「何かございますか？」とお聞きすると、

「実は、その人は当日出席できない可能性がある」。

こんなことを聞き出せたりします。

打ち合わせ時にその可能性がわかっていれば、その方が欠席した場合の対応を事前に打ち出しておけるわけです。

また、新郎新婦は事前にウェディングプランナーからスピーチをする人数のアドバイスを受けていて、その予定で考えていたのだけれども、もう一人どうしてもお願いしたい人が出てきてしまった。という場合に、そのことをなかなか言い出せないケースがあります。

司会者に相談していただければ、時間をつくることもできますし、他の方法を考えることもできるわけです。しかし、こちらがそれを見逃してしまえば、後で「本当はもう一人スピーチをお願いしたかったのだけれど」という不満が残ることになりかねません。

不安が早い段階で解決できれば、新郎新婦は安心して当日を迎えられますし、それが司会者への信頼感につながります。

披露宴当日は、新郎新婦だけではなく、両家両親、ゲストにも目をくばるように意識しています。親御様が披露宴中に首をかしげたり、浮かない表情をされていたりすれば、

「お時間的には順調に進んでおりますが、何かございますか？」

とお声をかけるようにしています。

大抵が、お酌をするタイミングについてとか、席を外しても大丈夫だろうかなどと、進行とは直接関わりのないことなのですが、私のできる範囲でフォローさせていただ

けますし、親御様とコミュニケーションを取れる時間でもあるので、私は積極的にお声がけするようにしています。

たまに、「さっき祝電を読んでくださったけど、〇〇さんのはあったかしら？」というような指摘をいただくこともあります。

読んでいれば、それをお伝えしてほっとしていただけますし、祝電が届いていなければ、その事実をお伝えすることもできます。このような場合もこちらが不安そうにしている表情を見逃さず声をかけることが、トラブルを未然に防ぐことにつながった例と言えるでしょう。

専門学校時代には、学生の表情に気をくばっていました。「**先生は私たちのほんのささいな変化も見逃さなかった**」という言葉を卒業時に私に贈ってくれた学生たちがいましたが、今も私を支えてくれているありがたい言葉です。

ほんのささいな変化、ちょっとした表情を見逃さず声をかけることは、相手の心に響き、絶対的な安心感、信頼感につながるのだと思います。

簡単には消えない、〝信頼〟の貯金

33

落ち込んでいる様子の人に声をかけたいときは――

私は何かあっても「どうにかなる」と考える能天気なタイプなのですが、それでもごく稀に落ち込むことがあります。

久しぶりに古くからの友人に会っていたとき、どうもいつもの私ではないと気づいた友人が「何かあった？」と尋ねてくれました。心配してくれるのはうれしかったのですが、彼女には関係のないことだったので、「何もないわよ」と流してしまいました。

すると彼女はもう一声、

「あら？　いやね～、私にも言えないこと？　いやだいやだ、秘密をつくっちゃったりして（笑）」

と**明るくお茶目に突っ込みを入れてくれた**のです。

「秘密なんかあるわけないじゃない」

「じゃあどうしたのよ」

という具合になり、ちょっとした悩みを打ち明けると、明るく「そ〜んなの。こうすればいいんじゃない」と彼女。

「たしかに！　そうよね〜」

「そうよ！」

私の悩みは数秒で解決しました。


人が落ち込んでいるのに気づいたら、**やはり一声かけるべき**です。その人とのおつきあいの深さにもよりますが、相手が何も話さなければ、あえて突っ込んで聞いてみる。お節介と受けとる人もいるかもしれませんが、そのように受けとる人は、それ以上何も話さないでしょうから、それでいいのです。

でも、**ある程度親しい間柄の人であれば、「何でもない」を鵜呑《うの》みにせずに、もう一声かけてみたらいかがでしょうか。**

深刻に落ち込んでいるときには、話す気にもなれないというのが本音でしょうが、一人で悩んでも解決の糸口は見つかりません。相手は、空回りして困っているのかもしれません。そんなとき、第三者の意見は当人にいい影響をもたらす可能性があります。

複数で会っているときに落ち込んでいる人を見かけたら、**みんなの前ではなく二人きりになったときに声をかけたほうがよい**と思います。大勢の前では話しづらいでしょうし、他の人が気づかないでいるのに、あなたが声をかけてしまったら、その人を余計困らせることになってしまいます。

自分がその人の立場だったらどう感じるかを考えて行動すれば、声をかけるタイミングもそう迷うことはないでしょう。

普段と違う表情に気づくには、何でもないときの表情もよく見ていなければいけません。人と接するときにはその人の表情にも目をくばることが大切です。

親しい間柄であれば、「何かあった?」と声をかけられますが、ビジネス上のおつ

きあいやそれほど親しくない知人の場合には、

「最近いかがですか？　相変わらずお忙しいですか」

などと、**無難な世間話から話しかけてみるのも一つの方法**です。

そうすれば、「残業続きで少し参っています」とか「実はちょっと体調を崩して昨日まで休んでいたんですよ」という答えが返ってくるかもしれません。

そこから「お身体お大事になさってください」といういたわりの言葉をかけることができます。


相手の表情を見逃さず声をかけること。

長々と話す必要はありません。

お会いする度に何か一言声をかけることを習慣のようにしていれば、その人との距離はだんだん縮まっていきます。

落ち込んでいるようだと陰ながら心配していても、相手にその気持ちは伝わりません。気持ちが伝わらなければいつまで経っても相手は心を開いてくれませんし、本音を聞くこともないでしょう。

落ち込んでいるときや悩んでいるとき、体調が悪いときの顔の表情としては、いつも笑顔でいる人が真顔になっている、顔色が悪い、眉間《みけん》にしわを寄せているなど。表情に限らず、姿勢からも読み取ることができます。肩を落としている、下を向いている、背筋が伸びていないなど。心の乱れは身体にも表れます。

人は無意識に色々なサインを発しています。そのサインを受け止めるような余裕を持って人と接していきたいと思います。

自分のことだけではなく、人のことも気にかけるあたたかさを持っている人は、誰からも慕われ頼りにされることでしょう。

あえて「一歩踏み込む」のが真の思いやり

34

「こんなことまで覚えていてくれた！」という、うれしいサプライズ

一緒に過ごすことの多い大切な人に、さりげなくその人が好きなものをプレゼントできたら、その人の喜びはひとしおでしょうし、プレゼントしてくれたあなたとの関係性は一段と深まるでしょう。

私は、贈り物をするときには、さりげなくその人の好きなものを贈るのがベストだと思っています。

それには、**一緒にいるときに相手の表情や言動をよく覚えておくこと**です。

食事をしているときに、美味しそうに食べていたらそれが好物であるとわかりますし、一緒にウィンドウ・ショッピングをする機会があれば、興味を示しているものが表情から読み取れることでしょう。

自分の好きなものをさりげなく贈られると、それだけ自分に関心を寄せてくれていたのかと相手に好意を持つものです。

また、かなり久しぶりに会った友人・知人から贈られたものが、以前から好きだったものだと「ずっと覚えていてくれたのだ」と感激します。

少し前に、10年以上会っていなかった友人と食事をしたときのこと。

友人が私にプレゼントしてくれたものが、私が長年愛用しているブランドの口紅。**しかも私がいつも使っている色**でした。

私が喜んでいる様子を見て、彼女は、

「よかった。もしかしたら今は別のものを使っているかもしれないと思ったけれど、あなたによく似合う色だと覚えていたものだから」と。

何年も会っていないのに私が好きなものを覚えていてくれたこと、そして、別のものを使っているかもしれないことも想定し、でも似合う色だからと、言葉を添えて渡してくれる心づかい。私のことを大事に想ってくれていることを痛感し、胸が熱くなりました。

その人が好きなことを覚えておくのは、純粋にその人のことを想う気持ちがないとできないことです。

大切な人の笑顔が見たかったら、その人が喜んでいたときの表情を覚えておいてください。そして、どんなものにそんなに喜んでいたのか、目に焼き付けておきましょう。

慌ただしく時が流れる中で、忘れずに覚えておくことが人との変わらぬ絆の証しになるでしょう。

≫その人が「好きなこと」を覚えておく

35

「その場に居づらそうな人」にほど、進んで声をかける

パーティーや食事会の席で、あなたは見知らぬ人に積極的に声をかけ、交流を持てる人ですか。

私は、実は人見知りでシャイです。……と公言すると疑われそうですが（笑）。本当に、本来は内気な性格だと自分では思っています。

ただ人が好きなので、知らない人がいる席では、思い切って、時には気持ちを奮い立たせて、自分から話す努力をしています。

一言声をかけてみると、先方のほうが話し上手で逆に楽しませてもらったり、共通の話題があったり、「勇気を出して声をかけてよかった」と思うことが多いのです。

自分にそのような面があるので、**パーティーや食事会の席で、話の輪に入れない人**

を見るとシンパシーを感じて、声をかけるようにしています。

また、食事会の席で知らない間柄ではなくても、その人にとってあまり身近な話題ではないときに、一人二人しらけてしまう場合があります。そんなときには、あえて話題を変えてみたり、しらけている人に話題を振ってみたりします。

せっかく同じ空間にいて同じ時間を共有しているのですから、みんなが楽しまなくてはもったいない。そんなふうに思います。

パーティーの席での話題は何でもいいと思います。ただ人と会話を楽しみたいと思ったら、共通項を見出せたほうが盛り上がりますから、幅広い知識や教養を身につけておきたいものです。

前述したように、**浅く広くでいいので、色々なことに興味を持って覚えておく**と、話題に事欠きません。そして、自ら振った話題でも相手のほうがくわしいと思ったら、素直に教えてもらえばよいのです。

今までお伝えしてきたような要素を実践していけば、知らない人がたくさん集まるパーティーの席も怖くはありません。

そして**自分にほんの少し余裕ができたら、寂しそうにしている人にも声をかけてみてください。**

きっと楽しい時間を共有できることでしょう。

「あの人がいると楽しいよね」と思われる

36

何があったか聞いてほしい"タイミング"で、声をかけてくれる人

人はよほどのポーカーフェイスでない限り、つらいことや苦しいこと、逆にうれしいことや楽しいことがあると表情に表れるものです。

つらそうにしているとき、落ち込んでいそうなときに声をかけるのも気くばりですが、**誰かが楽しそうにしているときもぜひ、声をかけてみてください。**

自分にうれしいことや楽しいことがあったとき、家族や親しい友人にならすぐに話すでしょう。でも、それほど親しくない人には、こちらから話すことをためらいますよね。

だけど、本当は聞いてほしい。気づいてほしい。

ということはありませんか？

誰もが心当たりのあるその心理を考えると、相手のうれしそうな様子に気づいたら、**「何かいいことありました？」と、こちらから声をかけてみるべき**です。

結婚が決まったとか子供が受験で志望校に合格したといった人生における大きな出来事から、昇級したとか任されていた仕事が成功したといったビジネスのこと。あるいは、もうすぐ旅行に出かけるとか、食事に出かけるとか、日常のささやかな喜びに至るまで……。人が楽しそうにしている要因はさまざまでしょう。**うれしいこと・楽しいことも分かち合って一緒に喜ぶことで、結びつきは一層、強くなります。**

声をかけてみて、その人が楽しそうにしている理由が旅行や食事に行くことだったのであれば、それ以降も共通の話のネタになります。

「旅行はいかがでしたか？」

「フレンチのお店、やはり評判通りのお店でしたか？」

と話題にできます。旅や食に関する話題は、自分にとってもちょっとした情報になりますし、相手の好みがわかるチャンスでもあります。

また、人生の節目のような結婚や入学であれば、お祝いに贈り物をしても相手には喜んでもらえるはずです。

大げさなプレゼントは必要ありません。それほど親しい関係でなければ、**本当に気持ちでいいと思います**。高価なものではなく、**相手が気軽に受け取れるようなものを選ぶとよい**でしょう。

人は思いがけない人に思いがけないことをしてもらったときに、心が動きます。さりげなく、でもまごころを込めてプレゼントすれば、他の人とはちょっと違うという印象を残すことができます。まさに、さりげない気くばりです。

「よかったですね！」の上手な伝え方

37

「こんなときの表情」は、意外と人から見られている

子供の頃は、どんなときも感情をストレートに表し、感情がそのまま表情に出ていたでしょう。でも成長するに従ってだんだんと感情を抑えなければならない場面も増え、表情にも気をつけることを身につけていきます。

とはいえ、よほど意識していない限り、感情は無意識のうちに顔に出てしまうものです。

傍から見ていて気になるのは、怒りや嘆《なげ》きといった負の感情。職場や人前では気をつけたいものです。

というのも、負の感情を表すことによって、どうしても周りの人を巻き込むことに

なります。気になるどころか、不愉快に思う人もいるかもしれません。そして、その場の空気が悪くなることも多いです。

人を喜ばせることも気くばりですが、**人を嫌な気分にさせない、不快な気持ちにさせない配慮も立派な気くばり**です。

そもそも、怒りや嘆きといったネガティブな感情が、どうして表に出てしまうのでしょうか。

それは、感情をコントロールできていないからです。短気は損気といいますが、その通り。怒りの感情は、その人の品性を奪います。イメージダウンにつながります。

怒りをあらわにして、プラスに転じることは何一つないと思います。

だったら、怒りがこみ上げてきてもほんの一瞬、我慢です。

2秒数えてみてください。

深呼吸をしてみてください。

たったの2秒、たったの一呼吸ですが、効果は絶大です。私自身が実践しているのですから、効果は保証します。

普段どんなに素敵にしていても、怒りの感情をあらわにしてしまった途端、人からの評価はグンと下がります。

人は、他人の表情をよく見ているものです。**たまには「見られていること」を意識してみてください。**

相手の表情を読み取る前に、まずは自分の表情にも気をつかってみる。自分の表情を意識していると、相手の表情から読み取れる要素も増えてくるでしょう。

「負の感情」は努めて外に表さない

38

「視線一つ」で信頼できる印象に

就職活動の一環として学生に面接指導もしてきましたが、面接官役をしていると、面接を受ける人間の表情がよく見えてきます。

好感を持てるのは、**面接官の話をしっかり聞ける人**。

面接官のほうに体を向け、視線をそらすことなく、時折うなずきながら、話を理解することに努めている人です。

一方、「大丈夫かしら?」と指導している立場からすると不安になってしまう人、本当の面接だったら不合格になってしまいそうなタイプは、そわそわして落ち着きがない、視線を合わせることができない、常にうつむいているような人です。

面接のような場では、相手にどう見られているかが大きなポイントです。

これは学生にも伝えていたことなのですが、面接において第一印象の占める割合は相当なものがあります。

ホテル・ブライダル業界での話ではありますが、ベテランの面接官は、「失礼します」と言ってドアをノックし入室して、面接官の前で名乗り「よろしくお願いいたします」と言ってイスに座るまでの数秒間で、合格か不合格かほぼ判断することができるといわれています。

ドアのノックの仕方、声の出し方、歩き方、挨拶の仕方、座り方を見れば大体わかる。そして、その印象は話を聞いてからも、ほとんど変わらないというのです。

ホテル・ブライダル業界は人と接する仕事なので、相手に与える印象の良し悪しが、合格不合格を左右するからでしょう。

しかしながら、**人と接する仕事ではなくても第一印象はよいほうが有利**です。

これは私の主観ですが、第一印象が100点満点だった人は、話しているうちにマイナスポイントが出てきて減点されたとしても、せいぜい70点にとどまります。でも、**第一印象が30点だった人を70点以上に引き上げるのは、至難の業。**

日常においても同じことが言えるのではないでしょうか。

第一印象が悪いと、よほどのことがない限り、その印象はなかなか覆りません。

話す内容の前に、相手に向き合う姿勢が大事であると思います。

人と対するときも、相手の話を聞くときも、自分が話すときも……。

相手に視線を向けること、目を見ることは当然のことです。

ただ、これも外国人に比べると日本人は苦手な人が多いかもしれません。また相手からじっと見つめられて威圧感を覚えたり、緊張したりしてしまうこともあるのではないでしょうか。

相手の目を見つめることが苦手な人は、少し視線をはずしてもかまいません。相手とある程度距離がある場合、**相手が男性であれば、ネクタイの結び目辺り**を見つめてみてください。相手からは視線を合わせているように見えます。

距離が近い場合には、**鼻の下から口元にかけてを見るようにしてください**。こうすると、相手からは目を合わせているように見えます。

視線一つですが、相手は自分の話を聞いてくれているという安心感を覚えます。そして、あなたに好印象を抱くのです。

あなたが「恥ずかしいから」という理由で視線をそらしても、相手がそれを理解してくれるとは限りません。

「この人は、こちらの話を聞いていないのだろうか」「そっけない人だな」というふうに思われてしまうかもしれないのです。

相手に自分がどう見られているか。もしも気になるようであれば、家族や友人に協力してもらって、視線の向け方など試してみるといいと思います。

それが恥ずかしいのであれば、鏡に向かって練習してみましょう。おおよその感覚がつかめたら、**あとは実践あるのみ**、ですよ。

「第一印象の影響」は後々まで残る

39

「だから、この人とはウマが合う！」と思わせる

結婚するカップルはさまざまです。

若い人同士のカップル、年齢が高いカップル、年の差婚のカップル、セレブなカップル、明るくにぎやかな人、おちついて物静かな人、ざっくばらんな人、こだわりのある人、などなど。千差万別です。

我々司会者は、**どんなタイプの人たちにも合わせていくのが仕事**です。

ですから、打ち合わせのときには、依頼者のカップルを観察し、そのノリに合わせていくことから始めます。

若い人同士のカップルであれば、あまりマナーやしきたりといった堅いことを言い過ぎると、通じないどころか、煙たがられかねません。

逆に、年齢の高いカップルに軽いノリで接しては、信用してもらえません。
そこで、**常に相手の表情を気に留めながら話を進めていきます。**

ただし、打ち合わせはコミュニケーションを図る場でもありますから、できるだけ私自身も会話を楽しむようにしています。

新郎新婦もこちらの表情を見ているのです。うわべだけ合わせているのか、本当に自分たちのことを考えているのか、すぐに見抜かれてしまいます。

ですから、こちらも真剣に、相手のノリに合わせていきます。

思い起こせば、専門学校で学生と接するときもそうでした。

私は毎年歳を重ねていきますが、入学してくる学生は常に18歳あるいは19歳。10代の学生と話を合わせるのは、最初は少々苦労しましたが、こちらも楽しんでしまえば、刺激的でとても楽しいもの。しかも、その時々の若者の最新のトレンドや情報を知ることができる、貴重な時間となるのです。

音楽でも、ジャニーズ、女性アイドル、韓国の芸能人など、たくさん教えてもらいました。ほんの数年前のことですが、今はまた新たなアーティストが出てきていますので、情報は次々アップデートしなければ、ですね。

学生たちは、逆に親御様の影響からか、私の世代のアイドルの歌もカラオケで歌うことがあるそうで、私が得意げに当時のことを語ると面白そうに聞いてくれて、盛り上がりました。

また年配の方とお酒の席をご一緒すると、これまた私の知らない歌を知ることになり、楽しいですし、勉強になります。

音楽一つとっても、年齢層によって、また人によって好みは違います。でも、**お互いに教え合ったり情報交換することで、楽しめる音楽が二倍にも三倍にも膨らみます。**

相手のノリに合わせる。それもうわべだけではなく、真剣に。

そのような姿勢でいることを心がけているだけで、**すんなり相手に受け入れてもらえるようになりますし、信頼を得ることさえできるようになります。**

相手のノリに合わせることで、自分の知らない世界のことを知るようになり、知識も広がります。

コミュニケーションは双方の心がけです。こちらが相手の表情を見ているように、相手からも見られています。

相手が楽しそうにしていれば、一緒に楽しんでしまう。この先、歳を重ねてもそのノリは持ち続けていきたいと思います。

≫相手のノリに合わせる

5章

相手の「信頼」を勝ち取る

——こんな場面こそ、「心をつかむ」チャンスになる

40

「今度、食事しましょう」を社交辞令にしない

私は、**人に信頼してもらうのに一番大切なことは、言ったことを守る。**この一点につきると考えています。

仕事においてもプライベートにおいても、相手と約束を交わしたら事の大きさにかかわらず、必ず実行すること。これを繰り返し守っているだけで、信頼度はかなり高くなります。

約束は色々あります。

「明日電話します」

「来週、書類をお届けします」

「来月お会いしましょう」
「今度食事に行きましょう」
「落ち着いたら先方へ紹介します」などなど。

「明日電話します」は、よほどのことがない限り守れますよね。うっかり忘れてしまうことがよくあるという人は、危険領域に近づいているかもしれませんよ。

相手の立場に立って考えてみてください。先方は一日中あなたの電話を待っているかもしれないのですよ。

それなのに電話がかかってこなかったときの落胆は大きいでしょう。人によっては、何かあったのかもしれないとあなたのことを心配してくれるケースもあるでしょう。

うっかり忘れた？　気持ちはわかりますが、気を引き締めて。

あなたが謝れば、先方は「いえいえ、大丈夫ですよ」と、そりゃ〜大人なら何事もなかったように振る舞ってくれるでしょう。でも、**心の中では、あなたへの信頼度は下がっているかもしれません。**

「来週、書類をお届けします」、これは来週のいつとはっきり伝えていないので、来週中であればセーフではありますが、電話の例と同じように、先方は週初めから書類が届けられるのを待っているかもしれません。

日にちを伝えていなくても、**早めに届けるに越したことはありません**。相手に不安な気持ちを抱かせてしまったら、ギリギリ約束を守っても、不信感につながってしまいます。

さて、この後の「来月お会いしましょう」「今度食事に行きましょう」「落ち着いたら先方へ紹介します」。

これらの会話が実現される可能性は、実はかなり低いのです。期限が迫っているわけではないからという要素もありますし、人によっては社交辞令的に使っていることさえあるからです。

私は、会うといったら必ず会う。食事に行くと言ったら必ず行く。紹介するといったら必ず紹介する。自分が言ったことだけは実行するように心がけています。

何を当たり前のことを言っているのだ！　とおっしゃる方は、恐らく人から十分信頼されている方だと思います。

当たり前のことを当たり前にできる人はとても少ないのです。

自分から「今度食事に行きましょう」と言ったら、私は**なるべく早いうちに日程を調整して日にちを決めてしまう**ようにしています。

日にちを決めないから、実現できないのです。お互いに忙しい日々を送っているのであれば、いつまで経っても時間はつくれそうにありませんから、

「この日かこの日はいかがですか？」

と2～3日候補日を挙げて相手に提案し、決めてもらいます。そう動くことで実現されるわけです。

口にしたものの急に忙しくなって予定がつかなくなってしまった場合には、これも早めに相手に状況を伝えることです。

相手がもしも社交辞令的に受け取っていたとしても、あなたから連絡することによって、律儀《りちぎ》で心ある人だという印象を持ってもらえるでしょう。

社交辞令的なことばかり言っていると、「あの人は口だけだから」と思われてしまいますし、声をかけられたほうは、「軽く見られているのかな」と傷つくことにもな

りかねません。

有言実行。口に出したことは必ず守る。ちょっとしたことでも実行することがあなたの信頼度をアップさせます。

信頼とは、何か大きなことを成し遂げたから得られるものではなく、ささいなことの積み重ねです。誠実に確実に約束を守る。自分の発言に責任を持つ。人としての基本であるように思います。

「ちょっとした約束」ほどちゃんと守る

41

失敗は「繰り返さない」ことが一番大事

「私、失敗しないので」、そんなドラマのセリフがありました。かっこいい！　ですよね。ただ、残念ながら、失敗しない人はいません。完璧はあり得ないのです。どこかでミスは起きてしまいます。

大事なことは、同じミスをしないこと。同じミスをしてしまうのは、何かがおかしいのでしょう。間違って理解しているとか、甘く見ているとか。

一度目のミスは大目に見てもらえたとしても、二度目はなかなかそうはいきません。

私の話をします。専門学校で講師になって1年目。学生からのアンケートで、私は最低評価を受けてしまいました。

学校は少しでもよい授業や環境を学生に提供すべく、講師に対するアンケート調査行うのですが、何と一年目、担任をしているクラスの評価は最悪。

上司に「何かありましたか？　うまくいってないようですね」と指摘される始末。とても落ち込みました。

当時、私は、受け持っているクラス以外にも、たくさんの授業を持っていました。他のクラスの評価は悪くなかったのです。それなのに、自分のクラスの評価だけが最悪……。

これは、**私のそれまでの人生で一番といっていいくらい落ち込む出来事**でした。自分自身をすべて否定されたかのような気持ちにまでなりました。

でも、**数字で受け止めたときに、ふっ切れました。**

前にも述べたように、学生との関係がギクシャクしていたので、私にも悪いところがあるのだろうとは薄々思っていましたが、これまではどこか心の中では、それを学生のせいにしていたのです。

いや、違う。悪いのは私だ。**反省すべきは私なのだと、このときようやく気づくことができました。**

素直にそう思ってからは、学生との関係の築き方、授業の進め方、すべてを見直すことにしました。そして、二年目に入りました。

改善した効果はだんだんと表れ、以降、経験を積むに従い、学生とは良好な関係を築くことができ、今でも「先生」と慕ってくれる卒業生がたくさんいます。とてもありがたいことですし、恵まれていると思います。

あのときに気づいて、本当によかったと思います。もしも頑固に自分のやり方を通していたり、学生のせいにしたりしていたら、その後続かなかったでしょう。

失敗したときに、自分自身の言動を省みること。改善策を打ち出すことの大切さを教えてもらいました。

失敗を繰り返さない。仕事をする上では、重要なことです。

「この人になら任せられる」と思い、仕事は依頼するものです。依頼される度に失敗を繰り返していたのでは、一生仕事は来なくなってしまいます。

ミスをしたとき、失敗したときには、どうしてそのような事態を招いてしまったのか、冷静に原因を突き止めること。

また自分の精神状態をリセットすること。

そして、人のせいにしていないか振り返ってみてください。失敗を自分自身のこととして消化できるまで、自分に向き合うことです。

一度目の失敗は、後から振り返ると笑って話せるようなことが多いものです。

二度目三度目と失敗を繰り返したら、笑い話では済まなくなってしまいます。

失敗を繰り返さない！ これだけは、肝に銘じておきましょう。

ミスよりも、「その後の対応」こそが人に見られている

42

お詫びと〝その後のフォロー〟が、場の雰囲気を和らげる

「お詫び」は誰しもしたくないものです。ですが、私は仕事柄、お詫びしなければならない場面にかなりの割合で立ち会っています。

ブライダルの現場においては、細心の注意を払っていても、残念ながら何かしらお客様の意に沿わないことが出てきてしまうのです。大規模なホテルや結婚式場では週末には何組もの結婚式・披露宴が行われます。どんなに素晴らしい会場でも一つのクレームもないことはまずないでしょう。

会場側としては、いうまでもなくミスのないように精一杯努めています。けれどもお客様の真意をつかめず、お客様の意向に沿わないことが起きてしまうからです。

図らずも明らかにミスをしてしまった場合には、すぐにお詫びすることが絶対です。

あってはならないことですが、たとえば、司会者がスピーチをする方の名前を間違えて紹介してしまったとか、新郎新婦の出身校を間違えてしまったとか。

そのような場合、気づいた時点でマイクを通して即、お詫びをすることが最善です。

司会者がすぐに自分で気づいたときには、お詫びして訂正を入れられるのですが、自分では気づかず、かなり時間が経過してから誰かに指摘されて間違いに気づく場合があります。

その際には、指摘された時点で司会者は新郎新婦にお詫びに行くのですが、マイクを通して訂正することをためらってしまうことがあります。それは、時間が経過していることから、多くの場合においてお客様が「いいですよ。わざわざ訂正しなくても」と言ってくださるからです。

しかし、間違いは間違い。いくらお客様が訂正しなくてもよいとおっしゃっても、その場で訂正することが必須です。

なぜなら、結婚披露宴は、出席した同じメンバーがその後一堂に会することはまずあり得ない、特別で特殊なセレモニーだからです。

その日その時を逃したら、二度と全員に向けてお詫びする機会はないのです。

お詫びするのをためらってはいけない。

ミスをしたら迷わず、即、お詫びする。

これは特にブライダル業界にいえることですが、他のビジネスや日常においても鉄則ではないでしょうか。相手の言動をうかがったり出方を待ったりするのではなく、自分から行動するべきです。ごまかして何とかしようという考えは、後々大きなトラブルにつながりかねません。

余談ですが、ブライダル業界やホテル業界などのサービス業界においては、接客側の明らかなミスではなくても、お客様の意に沿えなかったことでお詫びを求められるケースがあります。

理不尽だと思われるかもしれませんが、**そのときの対応でサービススタッフの器の大きさがわかり、逆にファンをつくる**、ということはよくあります。

私が幼い頃に実際に体験したことをお話ししましょう。

我が家では夏に、海の見えるリゾートホテルに泊まるのが恒例でした。毎年訪れるそのホテルはサービスに定評があり、家族全員宿泊するのを楽しみにしていました。

ある夏のこと。レストランでの夕食時。まだ3歳くらいだったわが弟が、スープを口にした瞬間、「冷たいよ！」と言い出したのです。

「しのぶ、飲んでみなさい」と父から弟のスープを飲むように促された小学4年生の私は、弟のスープを口にしてみました。

私が飲んでいるスープは熱々だったので、それに比べると「確かに冷たい！」。

私の言葉に父は、子供だからといってサービスを怠るとは！　と怒り出し、すぐそばにいたウェイターさんを呼びました。

戸惑うウェイターさんにいら立ちを隠せない父は、「支配人を呼んで！」とかなりの剣幕。ほどなくして、事の経緯を聞かされたレストランの支配人が、私たちの席にやってきました。そして、言い訳ひとつせずに、「誠に申し訳ございません。すぐに温かいスープをお持ちします」と、深々と頭を下げました。

このスマートな対応ぶりに父の怒りも収まりかけたとき、それまで父の剣幕に圧倒されて黙っていた母が、勇気を出してボソッと一言。

「これ……、ひょっとして、あえてコールドスープにしてくださったんじゃない？」

そうです。スープは冷めていたのではなく、冷たくされていたのです。

小さな子供でも飲みやすいよう、あえてお子様メニューは冷製スープにしてくださっていた、ホテル側の配慮だったのです。

今は、ビシソワーズなどの冷たいスープもポピュラーですが、時は40年以上前。食べ物にあまりこだわらない父と幼い私は、冷製スープの存在を知る由もなく……。

バツの悪いところに、支配人が温かいスープを運んできました。

「こちらの勘違いでご面倒をおかけします」

という母の言葉に、支配人はにっこりと微笑んで、

「**とんでもございません、至りませんで。これからもお気に召さない点がございましたら、何なりとお申し付けくださいませ**」と。

父はこの対応にひどく感銘を受け、帰り際に便せんに感謝の気持ちを綴り、お部屋に残しました。そして我が家は、それまで以上にそのホテルを愛し、この後何年にもわたって利用し続けました。

明らかにホテル側のミスではないにもかかわらず、頭を下げる。

たとえば、訴訟社会である外国などでは、きっとあり得ないことでしょう。

事の正当性を主張するよりもお客様の立場に立ち、お客様のプライドを傷つけないような振る舞いをする。

日本的なサービスかもしれません。いささか、古風かもしれません。

でも、ホテルという非日常の空間を楽しみたいと思っているお客様の心を満たす、まさにさりげない気くばりの感じられる最高のおもてなしです。

現在ブライダル業界で働く私は、今もこのときのことを心に留めてお客様に接しています。

「そこまでする」からこそ、感動が生まれる

43

「相手が得すること」をさりげなくできる人

人は一人では生きていけません。ですから、「自分さえよければいい」という考えでは、いざというときに誰も助けてくれません。

ギブアンドテイク、お互い様、持ちつ持たれつの精神で生きていくと、人のために施したことが何かの形で返ってくることもあるでしょう。

だからといって最初から見返りを求めないことはいうまでもありません。**誰かのために尽くしたことが、巡り巡って思わぬ形で自分のメリットにつながることもある**ということです。

たとえば私の場合、教え子から転職の相談を受けることがあります。

教え子の適性はよくわかっていますから、その人に合った企業はないかと思いを巡らせ、相性のよさそうな企業を紹介することがあります。

マッチングがうまくいくと、企業側からは「いい人材を紹介してくれた」というお言葉をいただけて鼻高々ですし、教え子からも感謝してもらえて私まで満たされた気分になります。

逆に、知り合いから司会の仕事や講演会の仕事をご紹介いただくことがあります。そのときには、誠心誠意司会を務めますし、有意義な講演会になるように最大限に努力します。私が仕事を成功させることが、紹介してくれた方への信用につながるからです。

「情報を提供する」のも相手のメリットになることの一つだと思います。

企業情報や個人情報には触れないように慎重を期す必要はありますが、異業種の方に自分が働いている業界の動向をお伝えしたり、その業界ならではのことなどをお話ししたりすると興味深く聞いていただけることが多いです。

ビジネスパーソンとして働いていると、自分が関わっている業界のことはわかっても、他の業界のことに関しては意外と疎いものです。こちらが耳寄りな情報をお伝えすると、先方も普通は耳にすることもできないような貴重な情報を提供してくれたりして、スマートに情報交換ができます。

また、コンサートやお芝居のチケットが手に入ったときには、歌や演劇が好きな方にお譲りするのも喜ばれると思います。相手にとっては願ってもないことであり、そのような方にはさぞありがたく思っていただけるでしょう。

こんなふうに相手のメリットを考えて動いてみると、自身のネットワークを広げるきっかけにもなり、プラスの効果が生まれることは間違いありません。

自分もうれしい、相手も喜ぶ

44

応用編――待ち合わせ時間から〝逆算〟するクセをつけよう

「人を待たせない」というのは、「時間を守ること」につながると思いますが、「待たせない」という行動には、さらに気づかいが必要です。

確かに、待ち合わせ時間ジャストに行けば、時間を守ったことにはなります。

しかし、ここでは、それをさらにレベルアップ。それだけではなく、相手の行動を考えて相手に配慮した行動をしてみよう、ということをお話ししてみます。

私は、これも職業柄だと思いますが、早めに出かける習慣が身についているので、人と待ち合わせをした場合、相手が先輩であれ後輩であれ、友人であれ、先に到着して待っていることが圧倒的に多いです。

待つことは苦になりません。

「久しぶりに会うので、どんな話をしようか」「この話は一番にしなくては」とか「この間聞いたあの話はどうなったのかしら」など、あれこれ考えて待っているのは楽しいものです。

私は今、比較的時間に余裕ができたので、このようなことができますが、日々時間に追われて仕事をしている方はそうもいかないでしょう。ただ、どんなシーンにおいても、人を待たせないことは信頼につながります。

ビジネスの場合、相手の都合もありますから、あまり早く到着し過ぎるのもおすすめできません。

ただし、**初めて訪問する会社や場所であれば、少し早めに行って、場所だけでも確認しておいたほうがいい**でしょう。

実際に行ってみると、入り口がわかりにくかったり、遠回りをしなければならなかったりということもありますから、早めに行くことをおすすめします。

早めに到着してしまった場合、複合施設のようなビルであれば、**ビル内にある化粧**

室に寄って髪型など身だしなみをチェックしてから、先方の会社のあるフロアに向かいましょう。できれば、**人に会う前には鏡で容姿を確認したい**ものです。

オフィスに到着するのは5分くらい前がよいでしょう。

応接室や打ち合わせスペースに案内されてお茶など出していただくと、ちょうど約束の時間になると思います。

ビジネスシーンで万が一遅れてしまったら、お詫びするところから、つまりマイナスイメージからのスタートになり、自分自身も慌てていますから精神的な影響も多少出てきてしまいます。落ち着くまで時間がかかり、うまくいくはずの交渉事もスムーズに運ばなくなってしまう可能性もあります。

交通遅延が起こりうることも考えて、早めに出かけましょう。

上司と待ち合わせをしてから、先方へ向かうケースもあるでしょう。

そのようなときには、上司を待たせないことです。

上司が待ち合わせ場所に5分前に到着すると考えるなら、あなたは10分前に到着し

ておくのがベターです。

人は、自分が先に到着すると、相手がたとえ約束時間前に来たとしても、「待たされた」という印象を抱くことがあります。

これは、待ち合わせをする相手が目上の人の場合には、特に気をつけたい心理です。

ビジネスシーンで待ち合わせをする場合には、**10分くらい前に行くことを習慣に**しておけば、どんな場合も人を待たせずに済むでしょう。

人を待たせないというのも、相手への気づかいの表れだと思います。

待ち合わせの後、お互いに気分よく時間を過ごすためにも、ほんのちょっとでいいので、相手より先に到着することを目標としてみませんか。

余裕を持って行動すると、事が想像以上によい方向に運ぶと思います。

「待ち合わせ」一つの思いやり

45

「口が堅い人になる」と決める

人はうわさ話が好きです。私も嫌いではありません(笑)。

うわさ話は情報源であるとも捉えられますから一概に悪いとはいえませんが、大体が、残念ながら人の足を引っ張るようなネガティブな話です。

「さもありなん」という話から、「えっ! うっそ~」という信じられない話まで、まぁまことしやかに語られます。

一体、どこから来るのでしょうか。どう考えても関係者や関係者から見聞きした人が漏らしているのでしょう。芸能人のうわさ話にしても、ご近所さんのうわさ話にしても、同じことだと思います。

こういう現実を考えても、**情報を流す側にはなりたくない**と思います。

もし、あなたの友人や知人があなたに「あなただけには伝えておきたいと思って」とか「あなたにしか相談できなくて」と話してきたら……？

そこで聞いてしまった話の内容は、決して口外《こうがい》してはいけません。

「そんなこと当たり前では？」と思ったあなた、本当に大丈夫ですか？

たとえば、「あなただけには先に伝えておくけれど、来月組織の再編成があるらしいよ」とか「○○部のAさんと○○部のBさんがつきあっているらしいよ」とか。

会社の組織や人事に関することから人間関係の話に至るまで、聞いてしまったら、思わず誰かに教えたくなりませんか。

気持ちはわかりますが、そこは**グッと抑えるべき**です。

あなたがうっかり話してしまったら、それを聞いた誰かがまた誰かに伝え……。話はどんどん広まっていくでしょう。

またうわさ話ばかりしていると、「あの人に話すとみんなに広められてしまうから気をつけなければ」と警戒されてしまう事態にもなりかねません。

逆に、**口が堅いと評判の人には、かえって貴重な情報が流れてきたりします。**

「あの人は信用できる人だから、あの人には伝えておかなければ」

そう思ってもらえると、人間関係はかなりスムーズになります。

もちろん、組織や人事に関する情報や他人の個人的なことも、多少は知っておいたほうがよいことはあります。すべてシャットアウトしてしまうと蚊帳《かや》の外になってしまいますので、適度な情報収集は致し方ないでしょう。

ただ、**いざ自分の耳に入ってきたら、決して他言しないこと**です。うわさ話の中心になってはいけません。

口が堅い人は、後輩や時には上司から相談を受けることが多くなるでしょう。あなたが誠意を持って相談に乗り、決して他言しないことが信頼につながります。

「口は禍《わざわい》の門」あるいは「口は禍のもと」。

余計なことばかり言って失敗しないように、口の堅い人を目指しましょう。

求められているのは〝大人の対応〟

46

断りづらいからといって、〝安請け合い〟するのは困りもの

上司から、「この資料、明日までにお願い！」と言われ、「はい。承知しました」と答えたものの、実は別件の資料づくりに追われ手一杯で、明日までなんてとんでもないのだけど……。

結局残業したり、上司に後からお願いして1日待ってもらったりした経験はありませんか？

「申し訳ありません。実は今、会議の資料づくりをしておりまして、あいにく今日は手がありそうにありません。明後日でしたら間に合いますが、お急ぎでしょうか」

このようなことを、どうしてそのときに言えないのでしょうか。

いやいや、実際、なかなか言えませんよね。

とかく、人は安請け合いしてしまうものです。

ですが、明らかにできそうにないことを「できる」と言ってしまうと、後で自分の首を絞めるだけです。そして「できる」と言ったことができないと、信用を失うことにもつながりかねません。

上司にできないなんて言えないとか、そのときは何とかできると思っていたとか、言い分は色々あると思いますが、ここは正直になりましょう。

上司は、あなたの仕事状況をすべて把握しているわけではありません。

今の状況を正直に伝えれば、「それなら明後日でいい」ということになるかもしれませんし、「この資料を優先して」と、具体的に指示してもらえるかもしれません。

こういうときは、遠慮したり自分をよく見せようとしないことです。

ほんの一言、勇気を持って「できない」と伝えましょう。

正確に言えば、**「できないと言うより、相談する」**ことです。

「いつまでならできる」のか、あるいは「どういう形ならできる」のか。

否定的に伝えるよりも、肯定的に伝えて相談するといいでしょう。

そして、そのとき、「やる気」はしっかり見せましょう。

正直に何でも相談している人は、不器用でも信頼がついてきます。

「できるできる」と安請け合いして、いつもその通りできない人は、徐々に信頼されなくなってしまいます。

安請け合いしないこと。小さな安請け合いが重なるとにっちもさっちもいかなくなり、信頼を失うばかりか、本人のストレスもたまり、精神的にも不安定になりかねません。

相手に誤解のないように伝える工夫をしながら、できることとできないことをはっきりさせましょう。

ブライダルの仕事で私が気をつけていることは、まさに安請け合いしないこと。

そしてもう一つ、**できることとできないことを曖昧にしない**ようにしています。

たとえば、披露宴の中でゲストにインタビューをするプログラムを設け、あらかじめ新郎新婦に何人か指名していただくことがあります。

そのときに、「時間があったらこの人にもお願いします」と新郎新婦から依頼されることがあります。

「時間があったら」と皆さんおっしゃるのですが、案外、これが曲者《くせもの》。

というのも、私がその場で「はい。かしこまりました」と答えようものなら、ほとんどの場合、「当然、当日はその人にもインタビューするのでしょう」と受け止められてしまうのです。

そうしていざ当日、時間がないからということで、もしもその人にインタビューしなかったら、依頼者をガッカリさせてしまうことになります。

「あ〜、○○さんにも一言聞いてほしかったのに」というわけです。

「時間があったら」という表現、これが非常に曖昧で、双方に誤解を生みやすいのですね。

司会者の立場からすると「時間がない」という状況でも、新郎新婦にしてみれば、「一言くらい聞けたでしょ？」と思われるのは仕方がありません。

ですから**私は打ち合わせの時点で、不確定要素はすべて取り払う**ことにしています。

具体的にどうするかというと、この場合でしたら、新郎新婦から名前が出た人には必ずインタビューするようにプログラムを組む。**どうしても難しい場合には、その場で「できない」と伝える**ということです。

その場しのぎの安請け合いは決してしないこと。その行動が、あなたの信頼を高めることになるでしょう。

お互いに「心のしこり」を残さないために

47

素直に謝れる人は、強い

仕事で失敗してしまったとき、家族とけんかをして気まずくなった後、「ごめんなさい」を言えていますか？

失敗や悪かったことを素直に反省し、謝る。単純なことですが、ストレートに表現できない人が割と多いのではないでしょうか。

私自身も頑固なところがあるので、プライベートで謝るのは実は苦手です。どうして私が謝らなければならないの？　あなたがあんなことを言わなければ私だってこんなこと言わなかったのに……と人のせいにしたがる。いやですね（笑）。

誰からも愛される人は、「ごめんなさい」をうまく伝えることができる人です。

私の知り合いで、とても気持ちのいい男気のある方なのですが、何でもストレートにものを言うので、仲間と飲んでいるお酒の席などで、その方の発言によって、明らかに言われた相手が気分を害することがあります。私を含め同席している人たちは、けんかになりはしないかとハラハラするのですが、そういうときには決まってその方が「だから、ごめんなちゃいでしょ！」とちょっと照れながら言うのです。

一同、大爆笑！　すべて解決です。その方はあえて言うなら、口は悪いが気はいいタイプの方で、誰からも強い信頼を得ています。

ご一緒する度に、「ごめんなちゃい」に学ぶところが大きいのです。

その場が和む「ごめんなさい」

仕事上のおつきあいであれ、プライベートなおつきあいであれ、上下関係にとらわれず、立場にかかわらず、**自分が悪いと思ったら、素直に認めて口に出して謝る。**

人として当たり前のことですが、いざ自分の身に起きるとなかなかできないことです。たった一言「ごめんなさい」を言う勇気を持ちたいものです。

自戒の念を込めて。

48

価値観は「人それぞれ」でいい

人それぞれといいますが、価値観ほど人によって違うものはないですね。

お金の使い方、仕事の選び方・仕方、パートナーの選び方、洋服の選び方、休日の過ごし方などなど。どんなことに価値を見出していくか、何を優先させて生きていくかは、本当に人それぞれです。

一つ例を挙げるとすれば、ブランド品に対する考え方。

私は以前からそれほど興味はありませんが、とはいえ、バブルの頃には海外に行くと生意気にも購入していましたし、好んで使っていたこともあります。

ですが、歳を重ねてくると、ブランド名で判断するのではなく、熟練の職人さんが丹精込めてつくっているものとか、良質の素材でつくられていて長く使えるものに魅力を感じるようになり、本質を見抜く目を養いたいと思うようになりました。

また、ファストファッションであっても上手に取り入れたり、海外のノーブランドのおみやげのスカーフなどを小粋《こいき》に巻いたりしている方を見ると素敵だなと思います。だからといって、ブランド品を身につけている方を否定する気はまったくありません。金銭的に余裕があり、好きなブランドでオシャレを楽しむのはよいのではないでしょうか。

価値観は違って当たり前なのです。ですから、**大切なのは自分の価値観を押し付けないこと。**

特に、歳を重ねてくると長年自分なりに学んできたこと、身につけてきたことがありますから、それを人に強要してしまいがちです。なぜなら、「私」はそのやり方で失敗していないから。

でも、人は人なのです。「私」と「あなた」は違うのです。

そんなとき、強要するのではなく、**「こんなやり方もあるのよ」**とか**「私はこんな風にしているけど、あなたのやり方もいいね」**と、異なる価値観を受け入れてみてはいかがでしょうか。世界が広がるはずです。

古きよき？　昭和の時代は、高級な車を購入することがステイタスだったと思いますが、今や車もサブスクリプションの時代。毎月契約したサービスに一定額の料金を支払って、利用し続けるというサービス。

一度にまとまったお金を用意する必要がなく、メリットも多いようなので、何とも合理的な考え方です。

このように新しい価値観に基づいたサービスがたくさん出てきています。さらにコロナ禍《か》において社会構造までが変化しつつある時代です。

自分の価値観にとらわれず、頭を柔らかくして人と接していきたいと思います。

最近は多様性が認められる世の中である一方、社会の分断も問題になってきています。異質のものを認めないとか、自分と違う考えの人は敵であるというような考え方はあまりにも未熟です。

価値観の違いを認め合い、お互いを尊重しつつ、バランスの取れた成熟した社会になることを祈るばかりです。

私たちにできる第一歩は、価値観が違う人が現れたからといって、その人自身を否定しないことです。考え方が違うだけなのですから。

一つ、私が意識しているのは、柔軟に考えることと人に流されることは違うということ。自分の意見や考えも持たずにふわふわと生きていると、本当の自分を見失ってしまう恐れがあります。

自分の考えや意見、意思はしっかり持っていて、ぶれない自分でいられるからこそ、価値観の違う相手を受け入れる寛容さも生まれてくるのではないでしょうか。

「自分が正しい」ではなくて……

49

ご無沙汰している人に、こちらから連絡してみる

人生百年といいますが、五十歳を過ぎてから私は、これまでに私の人生に関わってくれたご縁のある方、好きな人を大切にしなければという思いが一段と強くなってきました。

仕事に追われ、かなりご無沙汰をしている方もいれば、ず〜っと心に留めていたけれどなかなか連絡がとれなかった友人など、日々の忙しさにかまけて、大切な人をなおざりにしてきたことを反省し、出来る限り、何とか元気にしていますというお知らせをするようになりました。

つい先日、思い切って連絡をしてみたのは、小学生のときに一緒だったお友達。

彼女は途中で転校されたので、四十年くらいのご無沙汰。母同士は私たちが大学生

の頃まで連絡を取り合っていたようなのですが、私から直接連絡することはありませんでした。ただ、**事あるごとに気にはなっていたお友達**です。

あるとき、そのお友達とつながっている同級生にふとしたことから再会し、私の話が出たと聞いたことから、

「連絡しよう！　連絡しなければ！」

ふいに、そんな思いに駆られました。

そこで連絡先を教えてもらい、ついにお手紙を書いてみたのです。

すると、程なくお返事をいただき、そこには携帯番号を記したお名刺が添えられていました。

勇気を出して電話をかけてみると、幼少の頃と変わらない印象の彼女の声。

何から話してよいのやらとお互いに興奮してしまいましたが、**幼な心に「この人は大切なお友達」と思ったことが間違いではなかった**という感覚が湧きました。

その後、メールやＬＩＮＥでやりとりをするようになりましたが、彼女からの言葉はいつも私や家族のことを気づかってくれる想いにあふれています。

40年ぶりにつながれたことで、見過ごしていた大切なものを再び手に入れたような、

ありがたくあたたかい気持ちになりました。

そして、そんな彼女とのやりとりの中で、さりげない気くばりを感じたのは、やはり私がご無沙汰していてお便りしたいと思っていた小学校一・二年次の担任の先生、恩師の連絡先についての一言。

メールでやりとりをした最初の段階で、

「ところで、先生のご住所はご存じですか？　もしご存じないようでしたら、お伝えしますので遠慮なくおっしゃってくださいね」と。

実は、**それは私がまさに知りたかったこと**でした。

ただ、数十年ぶりに連絡をして、いきなり先生の連絡先を教えてほしいと頼むのもぶしつけかと思い、躊躇していたのです。次回やりとりしたときに聞こうか……、と思って遠慮していました。

そんな私の気持ちを察して、先に言葉をかけてくれる気づかい。

数十年経っても、離れていても、お互いが同じ感覚を持っていると思うと、感慨深いものがありました。

彼女のおかげで恩師にもお手紙を書くことができました。するとすぐにお電話をくださり、先生とも何年ぶりかでつながることができました。

その先生は、「学校の先生」といえば真っ先に思い浮かぶほど大好きな方。私が専門学校で先生と呼ばれるようになってからも、その先生のように生徒想い、学生想いの先生になれるように努力をしなければと思ったものでした。

三つ子の魂百までといいますが、幼い頃の感覚は、大人になってからも変わらないのだと思え、幼少期が一気によみがえった数日間でした。

また、懐かしいだけではなく、自分の本質を知ってくれている人がいることに心強ささえ覚えました。

家で過ごすことが推奨され、その価値が見直されている昨今だからこそ、**ご無沙汰している友人、知人に連絡をとってみるいい機会**かもしれません。

連絡先がわからなければ、ゲットするために少しばかり労力を費やしてみる。そして、遠慮せずにこちらから連絡してみる。

いきなり連絡して失礼ではないかしら？　覚えてくれているかしら？

そんな心配は要りません。**あなたが連絡をとってみたいと思う相手なら、きっと先方も同じ気持ちでいてくれるはず**ですから。

少し話はそれますが、最近の世の中の傾向として、プライバシーに踏み込んだり、相手の懐に入ったりすることをためらう風潮があるように思いますが、好きな人にはズカズカと踏み込むような図々しさも、時には必要ではないでしょうか。

そうすることで相手との距離が縮まり、信頼関係も築けるはずです。お互いに遠慮していたら、それ以上関係が深まることなど望めません。

自分から動いてみる。

そんなささやかな行動から得るものは大きいと思います。

気になっているけれど、ご無沙汰している人がいる。そんなときは、ぜひ連絡をとってみてください。慌ただしく過ごしている日常に、心のうるおいが与えられるかもしれません。

心にじんわり広がる「懐かしい人からの連絡」

50

常に「ポジティブシンキング」！

私は人はみな、どこかしら暗い部分、後ろ向きな部分、ネガティブな部分を抱えながら生きていると思っています。

毎日ハッピーハッピー！　悩みなんて一つもないわ！　バラ色の人生！　なんて素晴らしいのかしら！　そんな人がいたらお目にかかってみたいものです。いやいや、お目にかかってもお友達になれそうにありません（笑）。

嫌なこと、つらいこと、苦しいことがあるからこそ、うれしいことや楽しいことを味わえるわけで、おもしろいこと、ハッピーな出来事ばかりだったら、その価値が見出せず、逆につまらない人生になってしまう気がします。

だからこそ、ポジティブシンキング！

つらいときや苦しいとき、思い通りにいかないときに自分を奮い立たせる意味でポジティブシンキングなのです。

私は仕事上、大変な局面を迎えると、「さぁ、この事態をどう解決するか！」と武者震いこそしませんが、臨戦態勢に入ります。

そして、乗り越えたときのことを想像します。

「必ず成功させて実績にする！」

「この経験が必ず次に生きてくるはず！」

と考えて、よいイメージをつくっていきます。

こういう話をすると、何だかすごく野心のある人間のようですが（笑）、野心というより、いつもどこかで「**楽しみたい**」**という想いがある**からだと思います。

たとえばあなたが大きなプロジェクトを任されたとき、**深刻に考えてしまうより、楽しむぐらいの気持ちで臨んだほうがいいアイデアも生まれるでしょうし、よい結果につながる**確率が高いと思います。

そして、何もひとりで抱え込むことはありません。

どんどん上司や先輩、仲間に相談すればいいのです。困ったことが起きたら、「助けて」とSOSを発信すればいいのです。

本書でご紹介した「気のつかい方」を実践していれば、日頃から良好な人間関係を築けるはず。

そうした人には、**好感や信頼の〝貯金〟があるから、喜んであなたに手を差し伸べてくれる人がたくさんいる**はずです。

人はそんなふうに助け合い支え合いながら、生きているのだと思います。

あなたが上司や先輩に助けてもらったことを感謝するのなら、今度はあなたが後輩たちに同じことをして差し上げる番です。そうやって社会は回っていくのではないでしょうか。

ネガティブになってしまうとき、人はつい、「何で自分だけ」「何であの人は幸せそうなの」と卑屈に考えてしまいがちです。大丈夫、つらいのは、苦しいのはあなただけではありません。み〜んな、何かしらの悩みを抱えて生きています。

しかし、何事もプラスに考えていけば、物事は自然にプラスに運んでいくのです。

ありきたりかもしれませんが、私はそうかたく信じています。

私がこれまでお会いしてきた素敵な方たちは、みなさんポジティブです。明るくて朗らかで、いつも何かに一生懸命。人への目くばり・気くばり・心くばりは欠かさない。けれども、どこか〝凛《りん》とした強さ〟もお持ちです。

誰からも好かれる人というのは、誰からも好かれようとして行動しているわけではありません。誰に対しても真摯に向き合い、誠実に生きている姿が人の目に映り、結果として、誰からも好かれるのだと思います。

色々な悩みや苦労がある中で、一番複雑なのが人間関係。でもお金をかけることなく、こちらの気持ちの持ち方や心のありようで、その関係はいくらでもいい方向に持っていくことができるものです。その土台になるのが、「気のつかい方」。

明日何が起こるかわからない世の中ですが、明るく前向きに、人との関係を大切にしながら心豊かに生きていきたいと願っています。

人に対してよくしたことは、自分やまわりに返ってくる

本作品は、当文庫のための書き下ろしです。

鹿島しのぶ（かしま・しのぶ）

白百合女子大学文学部英語英文学科卒業後、会社員を経てプロの司会者として活躍。（株）総合会話術仟言流の代表を務め、ブライダルプランナーの役割も兼ね備えたプロ司会者の育成にも力を注いでいる。また、2017年まで駿台トラベル&ホテル専門学校ブライダル学科長を務め、ブライダル関連、接遇会話、ビジネスマナーの授業を担当した。細やかな気くばりで相手の心をつかむ接遇、話し方の指導には絶大な定評がある。

著書に『「また会いたい」と思われる人』『「品がいい」と言われる人』『3分引きつける話す力』（以上、三笠書房）、『敬語「そのまま使える」ハンドブック』（三笠書房《知的生きかた文庫》）、『品格を磨く所作』（宝島社）などがあり、著作累計は20万部を超える。

だいわ文庫

さりげない「気《き》のつかい方《かた》」がうまい人《ひと》
50のルール

著者　鹿《か》島《しま》しのぶ

二〇二一年一月一五日第一刷発行

発行者　佐藤靖

発行所　大和《だいわ》書房

東京都文京区関口一―三三―四　〒一一二―〇〇一四

電話　〇三―三二〇三―四五一一

フォーマットデザイン　鈴木成一デザイン室

本文デザイン　吉村亮、石井志歩（Yoshi-des.）

本文印刷　信毎書籍印刷

カバー印刷　山一印刷

製本　ナショナル製本

ISBN978-4-479-30848-5

乱丁本・落丁本はお取り替えいたします。

http://www.daiwashobo.co.jp